该书为2019年国家社会科学基金项目"水上安全分层教育对学生游泳运动伤害的干预研究"（19XTY005)的阶段性成果，湖北民族大学民族社会发展学科群、武陵山民族文化与旅游产业发展湖北省协同创新中心的研究成果，湖北民族大学高水平科研成果校内科研培育项目（4205033）的研究成果。

▶ 民族社会发展研究丛书

张辉 著

大学生水域安全分层教育模式研究

中国社会科学出版社

图书在版编目（CIP）数据

大学生水域安全分层教育模式研究/张辉著.—北京：中国社会科学出版社，2020.1

（民族社会发展研究丛书）

ISBN 978－7－5203－5989－4

Ⅰ.①大… Ⅱ.①张… Ⅲ.①大学生—安全教育—教育模式—研究 Ⅳ.①G645.5

中国版本图书馆 CIP 数据核字（2020）第 026524 号

出 版 人	赵剑英
责任编辑	郝玉明
责任校对	张 婉
责任印制	郝美娜

出　　版	中国社会科学出版社
社　　址	北京鼓楼西大街甲 158 号
邮　　编	100720
网　　址	http://www.csspw.cn
发 行 部	010－84083685
门 市 部	010－84029450
经　　销	新华书店及其他书店

印刷装订	环球东方（北京）印务有限公司
版　　次	2020 年 1 月第 1 版
印　　次	2020 年 1 月第 1 次印刷

开　　本	710×1000　1/16
印　　张	14
插　　页	2
字　　数	216 千字
定　　价	88.00 元

凡购买中国社会科学出版社图书，如有质量问题请与本社营销中心联系调换
电话：010－84083683
版权所有　侵权必究

总　序

　　湖北民族学院地处神奇美丽的恩施土家族苗族自治州，是一所湖北省政府和国家民委共建的省属普通本科院校。进入21世纪以来，学校在科学研究方面取得了显著成绩，同时学科建设形成了特色，服务民族地区经济社会发展的水平得到了较大提升。2003年，学校"南方少数民族研究中心"获批为湖北省高校人文社科重点研究基地，以此为依托，该校以"大民族学"学科视域开展科学研究，建设了多个科研平台，如"武陵山少数民族经济社会发展研究基地""武陵山民族理论政策研究基地""鄂西生态文化旅游研究中心""湖北民族研究所"等。2012年，由湖北民族学院牵头，协同华中师范大学、三峡大学等高校，联合恩施州相关政府部门以及武陵山片区旅游企业共同组建了"武陵山民族文化与旅游产业发展湖北省协同创新中心"；2015年，学校以民族学学科为主干学科，以法学、经济学等为支撑学科，获得了"民族社会发展"省级学科群建设项目，同年还获得了"武陵山民族文化传承与创新"博士点建设对口支持项目。近年来，湖北民族学院民族学学科团队直接服务于国家区域发展战略，积极发掘和整理研究武陵山民族民间文化资源，在区域经济发展、民族文化传承、生态文明建设以及民族区域治理等领域产生了一批具有重大影响的成果，受到学术界以及地方政府部门的高度关注。

　　武陵山片区集革命老区、民族地区和贫困地区于一体，是跨省交界面大、少数民族聚集多、贫困人口分布广的连片特困地区，也是中国区域经济的分水岭和西部大开发的最前沿。当前，在国家的大力支持和当地群众的共同努力下，武陵山片区经济社会发展取得了引人注目的成就，特别是在非物质文化遗产挖掘、申报、保护以及文化产业发展方面取得的成绩可圈可点。但我们也清楚地认识到,全面振兴武陵山片区的任务依然很艰巨,前进的道路还很漫长,如何促进该地区又好又快发展一直是政府、学者以及当地群众共同面临的主要现实问题。因此在进行经济文化建设的同时,还必须加强对武陵山片区社会发展中的相关问题进行调研与探究,提前规划,为该地区的发展提供参考。

在湖北省"民族社会发展"学科群建设项目和湖北省协同创新中心的支持下,呈现在广大读者面前的这套"民族社会发展研究丛书",是继"文化多样性与地方治理丛书",湖北民族学院民族学学科团队编纂的又一个跨学科协同研究成果。该系列成果涉及民族学、政治学、法学、经济学、艺术学等多个学科领域,研究区域主要在武陵山片区,研究对象主要为武陵山片区的少数民族,研究内容涉及非物质文化遗产、特色村寨、文化产业、民间信仰以及和谐社会建设;研究成果既有基础理论研究,也有直接服务于民族地区经济社会发展的应用型成果。

丛书的作者大多是接受过系统专业学习和学术训练的高层次研究人员,既有已经在学界崭露头角的中青年专家,也有初出茅庐的青年才俊,虽然有的著作可能还略显稚嫩,但都显示出了每一位研究者较为扎实的基本功底和严谨务实的精神。我们期待该丛书的出版能对民族地区社会发展有所裨益,同时也期望圆满完成"民族社会发展"项目建设任务,在学科基础条件建设、团队建设、创新水平等方面有较大程度的提升。

谭志满
2017 年 3 月 12 日

目 录

导 论 ………………………………………………………… (1)
  第一节 问题缘起 ……………………………………………… (1)
  第二节 研究价值 ……………………………………………… (3)

第一章 文献综述 …………………………………………… (5)
  第一节 水域安全教育的相关研究 …………………………… (5)
  第二节 大学生水域安全分层教育模式的相关研究 ………… (19)
  第三节 大学生水域安全分层教育的内容和干预机制研究 …… (26)
  第四节 研究述评 ……………………………………………… (30)
  第五节 研究设计 ……………………………………………… (31)

第二章 学生水域高危行为的影响因素探究 …………………… (35)
  第一节 问题的提出 …………………………………………… (35)
  第二节 基于"扎根理论"的学生水域高危行为的影响
           因素研究设计 ………………………………………… (36)
  第三节 基于"扎根理论"的水域高危行为的影响因素
           结构分析 ……………………………………………… (40)
  第四节 相关讨论 ……………………………………………… (52)
  第五节 研究结论与建议 ……………………………………… (53)

第三章 大学生水域安全教育的现状调查 ……………………… (55)
  第一节 问题的提出 …………………………………………… (55)

第二节　研究方法 …………………………………………… (56)
　　第三节　研究结果与分析 ……………………………………… (57)
　　第四节　相关讨论 …………………………………………… (69)
　　第五节　研究结论 …………………………………………… (73)

第四章　大学生水域安全分层教育模式的建构 …………………… (75)
　　第一节　问题的提出 ………………………………………… (75)
　　第二节　理论基础与现实依据 ………………………………… (78)
　　第三节　整体思路设计 ………………………………………… (79)
　　第四节　教学目标设计 ………………………………………… (80)
　　第五节　教学内容设计 ………………………………………… (81)
　　第六节　分层进度安排 ………………………………………… (93)
　　第七节　教学组织设计 ………………………………………… (98)
　　第八节　考核体系设计 ………………………………………… (98)

第五章　大学生水域安全分层教育模式的实验研究 …………… (101)
　　第一节　问题的提出 ………………………………………… (101)
　　第二节　研究方法 …………………………………………… (103)
　　第三节　研究结果 …………………………………………… (119)
　　第四节　相关讨论 …………………………………………… (139)
　　第五节　研究结论 …………………………………………… (144)

第六章　综合讨论 …………………………………………………… (145)
　　第一节　本书的创新点 ………………………………………… (145)
　　第二节　大学生水域安全分层教育模式的适用范围 ………… (146)
　　第三节　大学生水域安全分层教育模式的应用前景 ………… (147)
　　第四节　研究的不足与展望 …………………………………… (149)

结　语 ………………………………………………………………… (153)

参考文献 ………………………………………………… (155)

附　录 …………………………………………………… (174)
　附录一：大学生水域安全教育现状调查表 ………… (174)
　附录二：《大学生水域安全分层教育》教学大纲 …… (178)
　附录三：《大学生水域安全分层教育》课程标准 …… (196)
　附录四：《大学生水域安全分层教育》初级教案表（举例） …… (203)
　附录五：《大学生水域安全分层教育》中级教案表（举例） …… (207)
　附录六：《大学生水域安全分层教育》高级教案表（举例） …… (211)

后　记 …………………………………………………… (216)

导　　论

第一节　问题缘起

一　灾难频频

近年来，大学生因救他人而导致自身溺亡的事件愈发频繁。尤为典型的是三名大学生勇救落水儿童而溺亡的"10·24"事件（《长江大学阶梯救援溺水少年》，2010）。2009年10月24日，长江大学15名大学生冒着生命危险结梯救援溺水少年，两名少年获救，而3名大学生不幸溺亡。尽管事后"长江大学生团体"受到高度赞扬，但三个大学生家庭丧子的悲痛和社会财富的流失引发了全国关于"水域安全教育"价值大讨论。除造成全国重大影响的"10·24"事件外，类似大学生"见义勇为"的事件比比皆是：2010年7月23日，武汉工业学院学生李健为救落水儿童溺亡（《李健被追授为我省优秀团员》，2010）；2012年7月，长江大学大学二年级女学生杨环为救落水学生溺亡（《女大学生勇救落水学生后溺亡》，2012）；2013年7月5日，骨折还未痊愈的武汉体育学院男学生方盛虎为救失足落入东湖的大学二年级女学生而溺亡（《方盛虎舍身救溺水学妹遇难，感动琼鄂》，2013）。除上述典型的大学生"见义勇为"事迹外，由于自身某些危险行为而导致溺水的事件同样不胜枚举：2011年6月29日，浙江大学男学生小辛决定用爬树跳西湖的方式，留下一组最疯狂的毕业照，结果遭遇溺毙（《大学生为留毕业照跳西湖溺亡》，2011）；2014年7月27日，湖北某学院大学二年级学生小阮与4名同学一起来到阳新县仙岛湖旅游风景区游玩，中午酒足饭饱之后下水游泳，结果溺亡（《湖北阳新一大学生酒后游泳溺水身亡》，2014）。从《2012中国卫生统计年鉴》和《2013中国卫生统计年鉴》来看，在城市15—19岁青少年的溺亡率从2011年的3.08/100000上升到2012年的每4.29/100000，且5—14岁各年龄段青少年的溺亡率都显著上升；而在农村2011、2012两年的溺亡率除1—4岁年龄段略有下降外，其他年龄段均有不同程度的上升。2014年、2015年、2016年，中国卫生统计年鉴的数据显示，溺水伤亡人数只增不减（《2014中国卫生和计划生育统计年鉴》《2015中国卫生和计划生育统计年鉴》《2016中国卫生和计划生育统计年鉴》）。

大学生性格独立、敢于冒险、喜欢刺激，在他人陷入困境时乐于助人、奋不顾身，这虽是中国大学生的优秀品质，但若没有全面的水域安全知识和良好的水域安全技能基础，也会成为其溺水的重要原因。水域安全教育发达国家在儿童或青少年时期便已完成水域安全教育（往往带有强制性）。然而由于各种原因，中国儿童的青少年水域安全教育出现缺位现象（夏文等，2011），致使超过七成的大学生不会游泳，而且溺水经历在大学生群体中普遍存在（张辉等，2016）。

二　社会沉思

每一则溺水事故，都沉重地刺痛着人们的神经。也许冰冷的数字只能让旁观者感到惋惜或遗憾，但数字背后那些鲜活的生命的消失却让无数个幸福家庭破裂。学生溺水事件带给当事者本人的后果是生命的消失，带给家庭的冲击是家庭破碎、心灵重创，带给社会的影响则是人力资源和财富的损失、法律纠纷的产生。安全管理网针对2014年上半年学生溺水事故发表评论：为了减少类似悲剧的发生，毫无疑问，最简单直接的方法就是，家长和学校告诫孩子不要去水边玩耍，更不能去野外游泳，但这并不是根本之法，更重要的还是加强孩子溺水自救和救人的安全知识教育。（《2014年上半年学生溺水事件汇总》，2014）

三　政府重视

安全管理网的评论不仅反映了社会各界的担忧与关注，更透露了政府主管部门的重视与担当。尽管此前我国颁布了《国家突发公共事件总体应急预案》《应急管理科普宣教工作总体实施方案》《教育部教育系统突发公共事件应急预案》，但面对近年来学生水域安全事故的不断恶化、社会影响的不断升级、学校家庭的持续恐慌等问题，教育部办公厅还是于2012年紧急出台了《教育部办公厅关于预防学生溺水事故切实做好学生安全工作的通知》，要求加强防溺水安全教育、落实重点水域的防控措施、做好预防工作、密切家校联系，特别强调切实提高学生在水中遇到紧急情况的自救自护能力，掌握恰当的救生方法；2013年教育部再次发布《把防溺水教育落实到每一名学生》，强调水域安全知识教育的重要性，并重点指出不熟悉水性的学生不要擅自下水施救，遇到同伴溺水时避免手拉手盲目施救，要学会智慧救援；至2016年，教育部在其发布的《教育部办公厅关于防范假期学生溺水事故的预警通知》中明确提出，预防的重点是灵活开展预防溺水安全教育，手段是传授水域安全常识，传授危险情况时的自救方式，提高学生的水域自救能力。至此，水域安全教育问题成为政府、学校、家庭和社会密切关注的生命安全教育问题。

第二节　研究价值

一　教学需要

本书认为，中国大学生水域安全教育具有本土化特点。（一）大学生水域安全基础参差不齐：由于中国地域辽阔，各地学生体育锻炼状况、游泳普及率，以及水域环境认知均存在巨大差别，再加上城乡、性别、湿地类型等诸多因素的差异，直接决定了高等学校水域安全教育教学对象基础参差不齐。（二）大学水域安全课程内容结构陈旧：中国大学生游泳课教学几乎都采用游泳技能教学模式，主要涉及自由泳、蛙泳等泳姿教学，以及速度游、耐力游等练习和考核。根据教师个人素质的差异，小部分教师有意识地在教学中融入少量自救技能和救生技能的教学，但整体课程内容结构过于陈旧，缺乏对水域安全知识、水域安全技能（自救和救溺技能）的整体性布置。（三）大学水域安全教学与考核一刀切：将不会游泳的大学生与具有一定水域安全知识和安全技能的大学生不加区分地进行统一模式的教学，不仅在内容和方法上难以折中，而且在目标达成和成绩考核上也难以量化。

二　学界使命

2014年11月，世界卫生组织首次专门就溺水问题编拟《溺水问题全球报告：预防一个主要杀手》（2014），报告指出：迄今为止，溺水问题被严重忽视，由于溺水预防涉及多个部门，应加强政府、社会、主要非政府组织和学术机构之间的协调与合作，重点在于水域安全教育的开展和落实。更有研究在总结发达国家学生水域安全教育的经验后提出：国内亟须一个针对性强、覆盖面广、时效性强的学生水域安全教育模式的出现（夏文等，2011）。笔者深感此类重大社会安全问题的研究意义，参与由国内数名游泳、体育心理学、水域安全教育的专家和学者组成的水域安全教育研究课题小组，在前人研究的基础上，以政府最为关切的水域安全教育为切入点，借鉴国内外水域安全教育的先进经验和优势理论，展开教育模式的研究。期望此举能为中国大学生水域安全教育提供一定的参考和借鉴，达到降低溺亡率的目的。

综上，本书基于大学生溺水事件，选取政府、学界、社会共同关注的水域安全教育作为研究核心，通过综述国内外水域安全教育理论与借鉴先进教育模式，期望在调查大学生水域安全教育现状的基础上，有针对性地设计一套水域安全教育模式，并检验其有效性。

第 一 章

文献综述

本书通过 CNKI、SPORT DISC、Psycho ARTICLES 心理学全文期刊数据库、Elsevier Science 全文数据库、Google 学术等检索工具，以"溺水""溺水高危行为""水域安全技能""水域安全教育""游泳""分层教学""drowing""water high practice""water safety skills""education of water safety""swimming""layer teaching"为关键词，查阅水域安全教育及其影响因素的相关文献，分析水域安全教育的教学内容与作用机制，以期为科学地构建大学生水域安全分层教育模式奠定理论基础，并提供参考方法。

第一节 水域安全教育的相关研究

水占地球表面积的71%，人们的水域活动按场地类型可分为室内水域活动（如泳池）和室外水域活动（如海洋、湖泊、河流、水域等），涵盖了水面项目（如划船、钓鱼、冲浪等）、水中项目（如游泳、跳水、水球等）和水下项目（如潜水、浮潜等），是人们生存生活、运动休闲必不可少的重要内容。古人云："水可载舟、亦可覆舟。"近年来，学生溺水事故频发，社会对学生涉水活动已达到"谈水色变"的地步，普遍认为学生水域安全观念薄弱、游泳技能不佳等，遂本书将焦点聚集在水域安全教育上。

一 溺水致因与水域安全教育

（一）溺水致因

溺水是一个全球性问题，是26个发达国家中仅次于交通事故的第二大死因（Unicef，2001）；是美国、德国、荷兰、瑞士等国家，排名意外伤害前三位的死因（农全兴、杨莉，2006）；是全球大多数工业化国家青少年死亡的主要原因之一，而中国及东南亚地区更是青少年溺水事故的重灾区。然而溺水导致的疾病和残疾比死亡数要高得多。世界卫生组织撰写的报告与中国卫生部办公厅历年发布的卫生统计年鉴数据资料综合显示：溺水已严重威胁青少年的健康，属于全球性的公共健康问题。

溺水的发生很少是单个原因造成的（Pearn, J. H., Nixon, J., 1979），部分学者通过对大量溺水事故文献的总结，形成了溺水致因的"4W"模型，包括救生者特征（who 1）、溺水者特征（who 2）和事发地点（wherever）、事发场景（whatever），并且在模型中重点强调溺水者的行为特征和救溺过程中救生员与溺水者的互动，均关系到溺水救援的结果（Avramidis et al., 2009）。在高收入国家，幼童为溺亡事件的高发群体，且多发生在浴缸中（Pearn, J. H., Nixon, J., 1977; Rivara et al., 1997; Brenner R. A. et al., 2001; Quan, L. et al., 2003）；随着调查对象年龄的递增，溺水的场所更多涉及游泳池、人工池塘和野外水域（American Academy of Pediatrics, 2010）。在中国，溺水是导致0—14岁儿童、青少年意外伤害致死的第一位因素（杨功焕等，1997），与性别、年龄、地域、民族、教育水平等诸多因素相关（农全兴、杨莉，2006）。世界卫生组织在大量调查取证后公布影响溺水（本书涉及的溺水对象主要指非故意性溺水群体）的因素主要包括五个方面（如图1-1，见第7页）。

（1）年龄：年龄是溺水的主要危险因素之一，往往与监督过失有关。

（2）性别：男性溺水的危险特别大，溺水总死亡率为女性的两倍。他们与女性相比，更有可能因非致命性溺水而住院。男性溺水率较高的原因是接触水的机会更多，独自游泳、独自游泳前饮酒及划船等行为的风险更大。

（3）接触水的机会：接触水的机会更多是溺水的另一个危险因素，低收入国家使用小船从事商业捕鱼和靠捕鱼维持生计的个人，更容易溺水，在沟渠、池塘、渠道和池塘等开放水源附近生活的儿童，溺水危险特别大。

(4)洪灾：洪灾死亡中的人有75%是溺水死亡。洪灾越来越频繁，而且这一趋势还将持续。因洪灾导致溺水风险增大，这在低收入和中等收入国家的洪灾多发区尤为明显。这些国家预警、疏散和保护社区免受洪灾的能力较弱或仅在起步发展阶段。

(5)水路旅行：移民和寻求庇护者日常通勤和旅行常采用过于拥挤、缺乏安全设备的不安全船舶，或船舶驾驶人员没有受过正规训练，缺乏处理交通事故或导航的能力，以及受酒精和药物影响的人员也是危险因素。

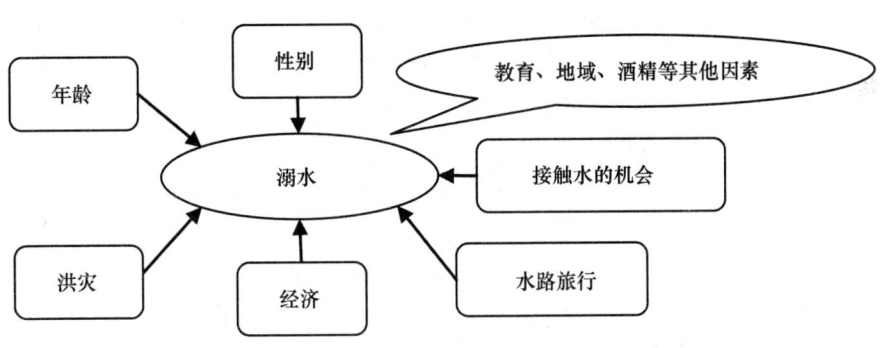

图1-1　溺水致因图

除此之外，溺水还与社会经济地位较低、没有受过高等教育、属于农村人口相关联，但这些关联在各国有所不同。总之，溺水是一个动态的过程，它是人与自然界及人本身相互作用的过程，这一过程中存在着不可控性，也会受到诸多因素的影响。

中国学者发现：影响溺水的因素复杂，既有环境因素，也有自身因素、家庭因素，还有社会经济因素。卫生部在2011年9月出台的《儿童溺水干预技术指南》中用"Haddon矩阵"从儿童自身因素、作用物、物理环境和社会经济环境四个方面总结了儿童溺水前、溺水时和溺水后的危险因素（如表1-1）。

表1-1 溺水危险因素"Haddon 矩阵"表

阶段	自身因素	作用物	物理环境	社会经济环境
溺水前	发育水平；性别；缺乏水的危险性知识；好奇；冒险；水中嬉戏、捉鱼；酗酒；乘坐水上交通工具	缺乏应对危险的水上安全设备	缺乏隔离水域的屏障；不熟悉的环境；无安全游泳设施	缺乏监管和看护；兄姐看护；父母无职业或无文化；家庭人口多；缺乏水安全指导和社区警示
溺水时	缺乏游泳技术；未穿救生衣等漂浮器具；施救者不会游泳；高估自己的游泳能力；单独游泳；体力不支；遇险时慌乱；缺乏紧急呼救知识	深水、江河水湍流；水中寒冷；大浪	水下深度的变化；缺乏帮助逃生的设施	缺乏将危险降至最低的信息和资源；呼叫120急救系统的通讯或基础设施不足；船上缺乏救生衣；缺乏救生员
溺水后	获救延迟；看护人不知所措；没有用电话或手机呼叫救护车	受害者被水流冲离岸边	交通不便妨碍救治	缺乏急救设备；急救和治疗技术不熟练；护理不周；医院内护理和康复服务不到位；受害者及家庭几乎得不到社区支持

资料来源：图表引自《儿童溺水干预技术指南》，2011年9月8日。

（二）溺水的后果

按照国际疾病分类法（ICD-10），溺水被划归到疾病和死亡的外因（V-01-Y89）中的意外伤害（unintentional injury），指人体在游泳池、浴盆、自然水域等淹溺或沉没。根据世界卫生组织和世界溺水预防协会的定义，溺水指人体淹没或沉浸在液体中时呼吸受阻，经历呼吸系统损害的过程，根据结果分为致死性溺水和非致死性溺水。按溺水者目的可分为故意性溺水和非故意性溺水（本书涉及的溺水对象主要指非故意性溺水群体），其结果分为死亡、病态和非病态（Idris et al.，2003）。

（三）水域安全教育

水域安全教育是学校安全教育的重要方面，历来备受国内外学者的关注和青睐。早期的研究者对水域安全教育的理解多基于工具视角，具有代表性的界定包括：国内有学者将水域安全教育理解为"人类以自体或通过器材，于各类水域或与水紧邻之空中、陆地区域内，所从事各种与水相关之活动"（张培廉，1994），该定义将水域安全教育视作"生存技能培养"的工具；也有学者将水域安全教育理解为"人们在水上活动发生意外事故时所采取的救助措施，分为静水救生和海浪救生"（中国救生协会教材编写组，2001），该定义将水域安全教育视作"紧急救助措施"的工具，正源于此，中国学者将水域安全教育称为"水上救生""游泳安全"等。国外学者对水域安全教育的称呼颇多，如"水上安全教育""水域安全"等。

夏文在国内外研究的基础上提出，水域安全教育（education of water Safety）是帮助个体在涉水活动中预知、预测、分析危险和限制、控制、消除危险所开展的有目的、有意识的教育活动（夏文等，2011）。它既包括预测和预防水上意外事故发生的意识、知识和技能，还包括出现水上意外事故时控制和消除危险所采取的水上自救与救生的知识及技能。从概念的发展来看，水域安全教育不仅能培养"生存技能"、提高"健身技能"等，更是一种全新的安全教育模式和理念，是健康教育和安全教育发展的一种新趋势。

（四）水域安全教育对溺水的干预

溺水的预防与干预没有单个的解决方案（Franklin et al.，2010），国外重视研究溺水的规律、预防及干预，认为预防与干预的关键是了解溺水事件发生的地点、过程、原因及可能导致事件发生的相关因素（Quan et al.，2001），其中代表性的研究认为"缺乏教育的人"和"无法应对"是溺水过程中关键的干预点（英国皇家救生协会，2015）。教育的核心在于传授知识和技能；安全教育的核心在于传授的知识和技能能够应对和规避风险；水域安全教育就是针对水域活动中可能存在的危险，传授正确的知识和技能。有研究指出：生命安全教育除了教授知识和技能外，还要树立正确的态度和加强危险防范意识，更要形成面对危险时自救和施救的能力和方法（季建成，2013）。因此，水域安全教育成为社会各界期待的最佳干预方法。

二 水域安全教育的影响因素

（一）行政因素

水域安全教育发展较好的国家和地区一直以来都重视政策法规对教育的保障。比如，新西兰和澳大利亚在水域安全教育中立法要求"青少年必须接受水域安全培训"；中国台湾地区自2001年推出"提升学生游泳能力计划"，有效地提升了学生的自救、救溺技能。我国早已关注水域安全教育领域，这一点从此前颁布的《国家突发公共事件总体应急预案》《应急管理科普宣教工作总体实施方案》《教育部教育系统突发公共事件应急预案》，以及国务院责令教育部办公厅2012年紧急出台的《教育部办公厅关于预防学生溺水事故切实做好学生安全工作的通知》，2013年教育部再次发布的《把防溺水教育落实到每一名学生》中可以体现。

（二）硬件因素

硬件是影响水域安全教育的另一大因素。场地设施的缺乏一直是制约中国体育事业发展的主要因素之一，多项调查研究指向游泳场馆和安全游泳环境的局限（杜世全、王寅，2010；胡科、虞重干，2012）。美国、澳大利亚、新西兰、日本、加拿大等水域安全教育发达的国家均在场馆建设、水质保养，以及安全保障设施方面取得了较好的成绩；在游泳池溺水事故的调查中，游泳池安全规则、救生员技术等级和操作规范等泳池环境是保障游泳者安全的必要因素（Schwebel etal.，2007）。国内亦有相同的研究视角，如符谦等（2006）对沈阳市游泳场馆经营管理情况的调查研究；傅强、张文雄（2007）对上海市南汇区游泳场馆水质卫生的调查；孙新锋（2015）关于泉州市游泳场馆安全保障的研究，以上研究均表明，硬件的改善有利于水域安全教育的开展与推进。

(三) 课程因素

课程因素在水域安全教育发展中一直被关注,有研究指出中国水域安全教育存在课程体系不够"与时俱进"的问题,此类研究并不在少数(沈宇鹏、白慕炜等,2006;金国利,2011);而且课程存在教学目标不明确、教学计划不合理、课时安排不科学等问题(洪庆林等,2008);相关社会培训资源也存在缺失现象(张昕,2006),甚至还有学校由于担心安全问题,出现压缩课时、取消课程等现象(陈雄山,2007)。而日本恰巧相反,从1994年便规定小学体育课必修水中生存技能和救生技能,并在教学中强制加入"着装游泳"的自救技能,此举大大提升了日本学生的水中生存和救生技能。

(四) 教师、家长、学生因素

教师教学水平和专业业务能力是指导学生水域安全和健身锻炼的前提,部分学校缺乏专业游泳教师,且相关教师专业程度较低(曹敦利,2012;万玉玲,2015)。在国外的相关研究中,幼童和儿童游泳,更强调父母的监护和家庭教育,而随着年龄的增长,游泳环境、学校教育、学生防护和自救意识更为重要。有关我国农村中小学生水域安全教育的调查分析指出,在农村学生出现溺水事故的家庭中,占比76.4%的家庭周围有池塘、小河、水池等开放水域,其中占比81.4%的水域未设置禁止游泳标识,而只有占比59.3%的家庭会告诫孩子远离危险水域,占比16.3%的父母会有意识地改变周围的危险水域环境,占比29.5%的父母会通过提高孩子的游泳技能来预防溺水的发生(郭巧芝等,2008)。

行政、硬件、课程、教师、家长、学生是水域安全教育者、研究者提及最多的影响因素(如图1-2)。林联注(2015)在此基础上提出,水域安全教育影响因素分为内因和外因,内因包括意识和运动观念,这是提高自我管理能力的决定性因素;外因包括学校和家庭,能够提高水域安全教育的质量和效果。夏文等(2015)则在学生水域安全教育的影响因素量表中明确划分了行政因素、硬件因素、课程因素、教师因素、家长因素、学生因素。

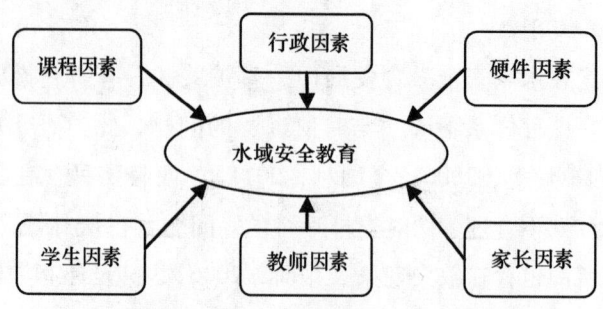

图1-2 水域安全教育的影响因素图

三 水域安全教育课程的发展脉络

水域安全教育课程开发经历了长期的过程,大致可分为单一的游泳技能教学、游泳技能向水域安全技能拓展、水域安全知识逐步融入三大过程。

(一)游泳技能的提升与风险

基于"生存技能""健身技能"等工具视角的局限,早期的水域安全教育者认为,游泳技能(swimming skill)是水域安全教育内容的全部(Erbaugh et al.,1986)。教育者持续关注游泳教学对游泳技能的影响,研究证实了游泳教学会显著提高学生的游泳技能(Liller, K. D. et al.,1993;Asher, K. N. et al.,1995)。由此,游泳技能教学模式成为早期水域安全教育的主要模式。但随着研究的深入,游泳技能的教学方法、内容、保护机制逐渐被探明,不少研究发现:游泳技能的提升可能会增加个体溺水的风险。布伦纳(Brenner)等(2003)在回顾相关研究时发现,游泳技能提供的保护是有限的,其中的机理有待进一步研究。布伦纳等(2009)在一项案例对照研究中,采用正式和非正式游泳技能教学对溺水风险的影响进行了审查。该研究结果表明,正式的游泳技能教学对1—4岁儿童具有预防作用;而对5—19岁儿童、青少年的保护效果并不明显(Brenner R. A. et al.,2009)。紧接着,越来越多的研究开始质疑游泳技能提升对于学生的保护作用,有研究认为游泳技能对学生的保护是否具有持续性或是否能转移到不同水体环境中目前无证据支持;而且对年龄在两岁以下的儿童也不是可行的干预,因为对该年龄段儿童的游泳课开展并不普遍(American Academy of Pediatrics,2010)。学界逐渐认识到,年龄较大的儿童虽然提升了游泳技能，但仍可能溺水，所以虽然游泳技能得到了提高，但这只是一种附属的预防性干预，不能单独作为溺水的解决方案。周嘉慧（2009）在前人研究的基础上指出：游泳技能越佳者，越追求水的刺激和乐趣，越容易触发高危行为。对此唐国宪等（2007）解释为：溺水者自认为游泳不错，麻痹大意是造成死亡事故的主要原因；甚至长期居高不下的学生溺水率和"会游泳"学生溺水现象成正比，导致社会上流传着"淹死的都是会水的"的谚语。可见，单纯提高游泳技能，对于年龄较大的青少年甚至成人，可能会诱发更大的溺水风险。

(二) 游泳技能与水域安全技能

近10年来，国内研究者不断关注学生水域安全教育的教学改革，如蛙泳结合念动练习（丁士良、聂亚峰，2005）、移动式韵律呼吸游泳教学法（龙明，2011）、游泳教学过程渗透口头契约（智虹霓、包卫，2014），以及分层累加教学法（岳新坡、李文静，2012）等，这些研究均致力于如何更快更好地实现游泳技能的学习过程。除此之外，也有一些研究开始关注游泳技能以外的其他技能学习，如张明飞（2007）在提高集美大学女学生游泳教学的安全与质量的研究中教授水上自救与救生方法，促使学生掌握自救与救生技能；张昕（2007）在调查温州市中小学生水上自救技能培养现状及影响因素时，提出中小学生水上自救技能的培训措施；方千华和梅雪雄（2008；2005）根据国外水上救生员培训的经验结合我国国情提出适合我国水上救生员的培训体系。这些研究均认为，学生在学习游泳技能的同时，应融入自救与救生技能的学习。正如刘希国和刘璐（2009）在谈及游泳安全常识时强调，应该让学生掌握水上基本的安全、救助常识，加强自我保护意识，防患于未然。而这些安全技能理念在美国、澳大利亚、新西兰、日本、加拿大等水域安全教育发达国家早已融入课程的教学中，如，澳大利亚针对7—13岁青少年进行水域安全技能培训，7岁学生不仅要求具备25米游泳技能，还要求具备自救漂浮1分钟的能力，12岁要求150米游泳技能，3分钟自救漂浮能力；日本1994年便规定小学游泳技能教学必修教授水中生存技能和救生技能，并在教学中强制加入"着装游泳"的自救技能。因此，国内外学界逐渐形成"水域安全技能不再单一指向游泳技能教学,还应包括教授水上自救与救生技能"的观点,但观念的变化并没有立即在教学内容中体现,目前,国内外在水域安全技能教学内容的设置方面还存在一定的视角差异(见图1-3)。

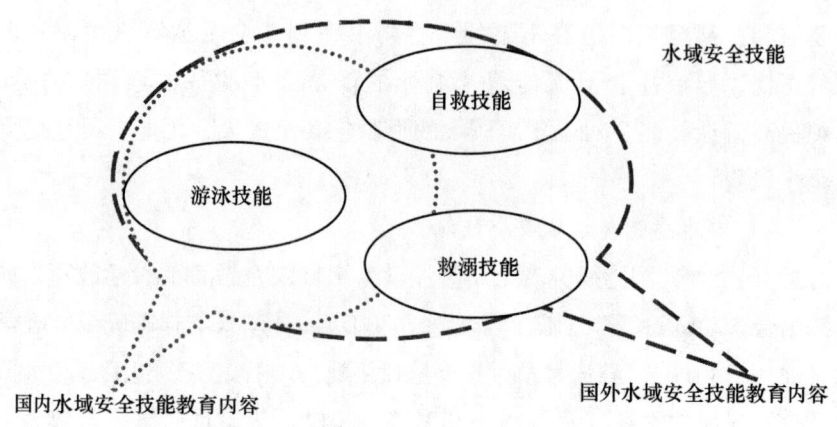

图1-3 国内外水域安全技能教学内容比较图

有研究指出生命安全教育教学的主要目的是形成人们在危险到来时的自救和施救的能力和方法(季建成,2013);也有研究呼吁传授游泳技能的同时也一定要注重溺水救助技能的传授,而这种技能的传授对于挽救人的生命具有十分重要的意义(陈琛,2016),因此,水域安全技能教学的内容指向的是包含游泳技能、自救技能和救溺技能的水域安全技能。

(三)水域安全知识逐步融入

早期的水域安全教育认为提升游泳技能就可以应付各种复杂的水域安全问题,但学者们不断深入的研究和长期以来居高不下的溺水数据证明,水域安全教育不能局限于游泳技能。

专注于教育的利莱尔(Liller)等(1993)通过大样本的调查发现,溺水者受知识和技能的多重影响;格雷沙姆(Gresham)等(2001)在学校实施水域安全教育课程,前后干预课堂教学6周,涉及15所学校,随机分配控制或干预,传授在不同水体中对颅脑损伤和脊髓伤害危险的知识、安全规则知识，预防水的相关伤害和溺水的意识，预防中的个人责任等水域安全知识，发现水域安全知识从干预前到干预后得到明显提升；美国国家儿童健康和人类发展研究所的布伦纳（2003）对游泳课、游泳技能、溺水风险的相互关系进行实验研究发现：水域安全教育中知识的提高有助于改善溺水风险。澳大利亚和美国的水域安全教育者率先在教授游泳技能之外，还在课程中融入河流、海边等各类水域特性及水域活动时的安全守则；加拿大、日本、新西兰等国在此基础上不断增加自救与救生的安全知识，诸如简单浮具制作、水域警告标示识别（见图1-4，第16页）、天气和自我体能的判断等。

经过长时间的实践检验，上述国家的溺水数据明显下降，且显著低于其他国家。中国在水域安全知识上已做了大量研究和宣传，如："游泳十八忌等"、游泳注意事项、水域安全知识（见表1-2，第17页）、安全常识、安全守则等，也在安全标示、警告标示等知识普及和宣传上做了大量工作。

早期的水域安全教育研究者注重游泳技能的提升而忽视了知识对于态度和行为的隐性作用，陈述性知识作为内隐知识和程序性知识作为外显技能成为水域安全教育不可或缺的两个部分），水域安全知识至关重要。

四 水域安全教育干预的作用机制

水域安全技能的拓展与水域安全知识的逐步融入直接干预的是学生对水域安全的态度和水域高危行为。王国川（2001）认为水域安全教育要让学生具备水域安全知识、水域安全技能，改善他们对水域安全的态度，降低水域高危行为，这一观点为后续研究提供了重要参考。

（一）学生的水域安全态度的改善

水域安全知识对学生的水域安全态度具有正向影响，代表研究如波斯纳（Posner）等（2004）给到急诊室的父母提供以家庭为基础的水域伤害预防安全信息，随机挑选了干预组49人、对照组47人进行对比研究，两个月后进行电话调查，并没观察到两个组的溺水预防有重大改善，但干预组比对照组综合安全分数有很大提升，原因在于安全装置使用的增加，说明知识的增加干预了父母的态度；夏文等（2014）对小学生展开实验研究发现，高知识（水域安全知识）得分组的态度改善程度优于低知识得分组，意味着态度的改善程度受知识水平高低的影响。

图 1-4　水域禁止标志图

资料来源：图表引自中国国家标准化管理委员会《水域安全标志和沙滩安全旗第一部分：工作场所和公共区域用水域安全标志 GB/T 25895.1-2010》

表1-2　　　　　　　水域安全知识:"四不游""三佩戴"内容表

名称	内容
"四不游"	1. 不要单独去游泳,要和大人结伴同行 2. 不要到不熟悉的水域游泳,要先了解水下环境 3. 不要到了水边就马上下水,应先做准备活动,适应水温 4. 不要在水中用鼻子呼吸,容易呛水,应水上用口吸气,水下用口和鼻吐气
"三佩戴"	1. 游泳时应带上救生器材,包括橡胶吹气救生圈(救生圈分为两个独立充气部分,1个损坏另1个仍可使用),也可以带上有网兜的篮球、泡沫等漂浮物 2. 建议戴颜色鲜明的泳帽,方便岸上的救生员发现 3. 合理着装,不可穿牛仔裤入水

资料来源:引自《水上安全及预防溺水的守则》(2013年12月28日),经研究者整理。

(二)水域高危行为的降低

水域高危行为产生于某一特定的情景或时间段内,它具有特殊的属性。首先,水域高危行为是客观存在的,可以通过某些应对手段进行回避、转移或降低;其次,水域高危行为不容易被察觉,尤其是学生安全意识薄弱,不能清晰地辨识水域活动中的危险因素而导致溺亡;最后,水域高危行为的发生具有偶然性,它的发生与否受到个体与环境因素的共同影响,而个体与环境因素之间相互联系、相关作用、相互影响会导致水域高危行为的发生,因素之间具有较大的相关性。

国外研究表明,导致溺水发生的高危行为与年龄、性别、地域及饮酒等显著相关。如:美国学者对包括华盛顿在内的数个州在1980—1995年溺亡的人群进行调查,发现0—4岁、5—14岁、15—19岁、20—34岁、35—64岁、65岁及以上各年龄段的溺亡率显著不同,5—64岁年龄段易在开放的水域溺水,其原因是他们更可能在开放水域进行高危动作和行为;豪兰(Howland)等(1996)研究发现在公开水域、潜在危险、游泳能力、水域高危行为和饮酒等方面均存在男女差异；伊尔文（Irwin）等人（2009）从年龄、性别、家庭、种族四个人口学变量对不同种族的青年在游泳冒险方面进行深入调查，发现非裔美国人有57.5%的受访者具有水域高危行为的可能，拉丁裔美国人具有56.2%的"危险"。杨功焕等（1997）通过调查中国人群的意外伤害水平和变化趋势发现，中国男性的死亡率远高于女性；陈天骄等（2007）对全国18个省市的溺水数据及其相关危险行为进行调查，证实了男性显著高于女性；有学者（Fang，Y et al，2007）对厦门的农村和城市青少年进行了溺水事故调查，发现不同地域的溺水率有显著差异，其中农村地区的青少年可能更精通游泳，但更多的高危行为使得他们溺水概率更高，暴露出农村水域安全教育的缺失；而从中国卫生部各年统计年鉴中都可以观察到：0—23岁是溺水事件的高发年龄段。水域高危行为的干预除了国内外水域高危行为影响因素研究中的人口学变量之外，主要的干预手段包括增强水域知识和提升水域安全技能，改变水域安全态度。

水域安全教育干预的作用机制随着水域安全态度的改善和水域高危行为的降低继续深入，贝内特（Bennett）等（1999）在社区范围内开展了为期3年的"穿救生衣""监护水边儿童""学习水域安全准则"等口号的社区宣传活动，通过电话跟踪调查、宣传活动、评估活动，以及活动12个月后对活动口号的回忆，从而观测到社区青少年的水域高危行为、溺亡率显著下降。除了水域安全知识和水域安全技能的影响，Morrongiello等人（2004）研究发现，儿童和青少年通过高危行为的实施来体验刺激与兴奋，而忽视由高危行为带来的潜在威胁，这在水域安全教育的研究中通常可以表现为身体不适坚持游泳、高难度游泳及触犯各种游泳禁忌等。国内学者夏文等（2014）利用"知信行"模型对水域安全知识、技能、态度和高危行为四者间的关系展开调查研究发现：水域安全态度是知识和高危行为之间的中介变量；在改善学生的水域安全态度的过程中，知识传授的效力优于技能学习；学生水域安全技能越高，出现高危行为的概率也越高。

通过对水域安全教育干预的作用机制的相关文献进行回顾，我们发现，水域安全教育通过水域安全知识和水域安全技能的教学，可以实现学生的水域安全态度的改善和减少水域高危行为的发生（见图1-5）。

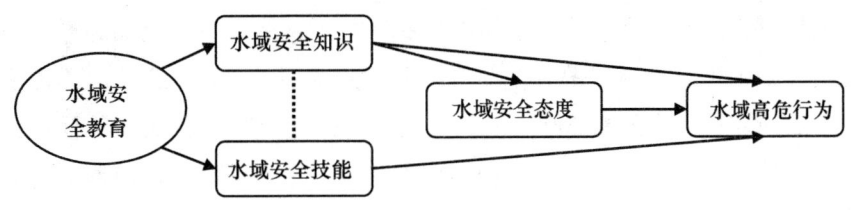

图1-5 水域安全教育过程图

第二节 大学生水域安全分层教育模式的相关研究

一 大学生水域安全分层教育模式的概念界定

张明鸣（2011）在纠延红（2000）和杨恒心（2005）将"分层次教学"引入游泳教学的理念基础上，尝试以"因材施教"的原则，结合学生分层、目标分层，辅以分层施教、分层练习等教学方法，对学生水域安全实施分层教育，使学生在原有的基础上逐步提高和发展，这成为水域安全分层教育的概念的雏形。尽管水域安全分层教育作为一种教育理念已开始应用于教学实践，但较为权威的概念界定并没有出现。

本书在此基础上结合水域安全教育的目标和内容认为：水域安全分层教育模式是根据水域安全教育的总体目标，将基础参差不齐的教学对象按照相关因素进行若干分层，针对不同的教学层次设置相应的教学目标和内容，运用合理的教学策略和训练手段，力求掌握相应层次的水域安全知识、技能，提供有助于限制、控制、消除涉水危险的教育理论模式。

二 大学生水域安全分层教育的理论和实践基础

（一）大学生水域安全分层教育的理论基础

教育模式（models of teaching）也译作教学模式，乔伊斯（Bruce

Joyce）和威尔（Marsha Weil）等在《教育模式》一书中提出：教育模式是构成课程，选择教材，指导在教室和其他环境中的教学活动的一种计划或范型。经过一系列教育理论探讨和实践总结，张武升（1997）认为教育模式包含理论指导、教学目标、教学内容、教学活动和教学方法，并归纳出教育模式的五个要素，分别是主题、目标、方法、程序和评价。何克抗、吴娟（2008）认为，教育模式是为了实现某种预期的教学目标和效果，组合运用多种不同的教学手段和策略，从而形成的教学结构。

1. 水域安全分层教育的理念

分层教育（layer teaching）作为一种教学理念由来已久，孔子主张因弟子的个性和处事方式不同而区别指引（冯茁，1996）；美国心理学家、教育学家布鲁姆（Benjamin Blvom）认为学生层次不一，需分别关怀，并指出大量的学生没有达到理想的成绩，关键的原因不是外界所认为的智力因素，而是未享有恰当的教学条件及科学合理的外在帮助，如果能提供上述条件，则绝大多数学生的成绩及其动机都会变得很相似（张春莉、高民，1996）；心理学家霍华德·加德纳（Howarcl Gardner）认为要根据学生的智能差异分层，采取适合不同学生学习的多样化手段进行教学（欣心，2002年）。由此可以看出，学生之间的差异性是分层教育的根源。而差异性的体现可能是多方面的，如智力、个性心理、知识水平、运动能力等，在教学中要根据学生的实际情况和个性差异，有针对性地进行有差别的教学，使不同层次的学生均获得最佳的发展。分层教育的理念能够最大限度地满足不同能力层次的学生，使他们获得适合自己的学习平台和教学模式。

2. 水域安全分层教育的方法

水域安全教育领域应用分层教育的理论尝试并不鲜见，其中包括年龄分层、对象分层、教学目标分层等，国内学者也屡有涉及。如图1-6游泳分层教育模式按照目标分层进行设计；再如岳新坡、李文静（2012）设计的"分层累加教学法"，即利用技术内部存在的固有联系，按技术顺序或技术的结构特点，通过逐渐积累的方法掌握复杂的技术动作和动作细节的一种技术教学方法。此分层教学法从研究过程来说更偏向动作的

"累加"。尽管此类研究水域安全教育的内容仅仅局限于游泳技能教学，但其教学理念已得到实践的验证。基于水域安全教学的复杂性和游泳技能学习的困难性，无论是何种分层方法，水域安全分层教育理论都值得借鉴。

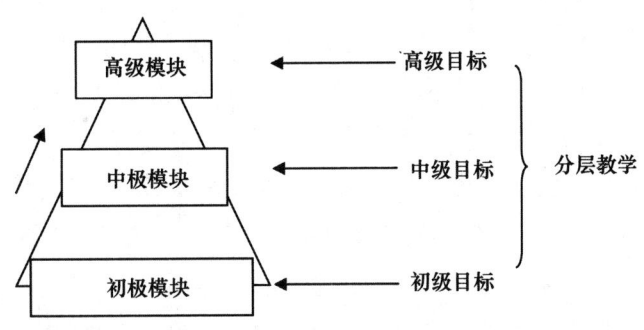

图 1-6　游泳分层教育模式图（沈宇鹏，2006）

3. 水域安全分层教育的意义

郭鸿鸣（2012）在普通高等学校学生游泳选修课教学中应用分层教学，发现其不仅能提升学生的学习动机，还能提高学生的游泳技能水平。当然，水域安全分层教育的意义并不仅局限于教学实践中知识的积累、技能的提高，更体现在教育公平和生命教育的回归。

（1）教育公平的体现

褚宏启（2013）指出，教育资源配置"要尊重学生的选择，要提供多样化的教育资源让学生能够选择"。这正是对中国儿童、青少年水域安全教育严重缺位，致使超过七成的大学生不会游泳，而且溺水经历在大学生群体中普遍存在的重要的论点支撑。教育公平不仅指学生受教机会的平等，还包括每一个学生都应该获得适应每个人特点的教学。水域安全分层教育给予了大学生选择适合于自身的教学模式的平台，而提供多样化的教育资源正意味着教育公平的实现。

(2) 生命教育的回归

水域安全分层教育能促使学生更好地掌握水域安全知识、安全技能，丰富教育模式，实现自我生命安全的守护及他人遇险情况下的生命救助。水域安全分层教育能充分调动学生的学习兴趣和积极性，真正做到因材施教，提升学生存在的价值与内涵，提升学生保护生命安全的信念与信心，使学生能在无形中反复体验生命教育的意义。

(二) 大学生水域安全分层教育的实践基础

美国、加拿大、新西兰、澳大利亚、日本和中国台湾地区等都是水域安全教育开展较早、全面而深入的国家和地区，水域安全分层教育离不开社会各级机构的付出。其中具有代表性的水域安全教育机构包括成立于1949年由36个成员机构组织而成的新西兰水域安全联盟、致力于水域安全教育培训和研究的加拿大红十字会、美国红十字协会、英国皇家救生协会、国际海浪救生协会等。中国主要由教育部和国家体育总局水上运动管理中心负责推动，它们不仅侧重水域安全教育体系的构建，而且肩负了水域安全教育的普及和推广。这些组织推广的水域安全分层教育模式基本上涵盖了水域安全知识、水域安全技能的综合培养，归纳起来可按照年龄层次、教育对象和目标层次三类方式进行分层教育模式的构建。

1. 按年龄层次

1964年，美国开始推行青少年救生训练计划，该计划按年龄分为A、B、C三个等级，其中14—17岁为A级、12—13岁为B级、9—11岁为C级，并针对三个等级实施不同的水域安全培训，使其拥有水域安全救生技能；在此基础上，美国继续针对不同年龄层次，制定更多水域安全教育分级教学内容，如"安全通道"计划（如表1-3）。

表1-3　　　　美国"安全通道"水域安全分层教育模式简介表

教育理念	年龄层次	教学内容
安全通道	幼儿园至二年级	(1) 游泳部分：包括游泳安全守则及其应用 (2) 河流与水库部分：包括水库、河流及河道安全守则 (3) 乘船与钓鱼部分：包括船难与溺水事故分析，乘船安全守则 (4) 水域抢救部分：包括水域抢救安全守则，水域抢救游戏
	三年级至四年级	(1) 游泳部分：包括游泳安全要点 (2) 河流与水库部分：学习水库、河流及河道的危险性 (3) 乘船与钓鱼部分：列举救生衣的类型与使用时机，以及船只行驶时的危险因素等 (4) 水域抢救部分：模拟抢救活动和表演、练习水域抢救
	五年级至六年级	(1) 游泳部分：深入学习浮力的意义并反复演练 (2) 河流与水库部分：深入学习水库、河流及河道的危险性，以及相关的河流信息 (3) 乘船与钓鱼部分：列举救生衣的类型与使用时机，船只行驶时的危险因素，以及开船前应注意的规则等 (4) 水域抢救部分：复习水域安全抢救安全守则，模拟抢救活动和表演、练习水域抢救

资料来源：王国川、翁千惠，2003年，经研究者整理。

但美国水域安全教育分级的标准并不是在全国统一推行的，鉴于各州立法独立和教育制度的差异，其内容也各有差异。

1987年，澳大利亚针对7—13岁青少年进行水域安全教育培训，7岁要求具备25米游泳、自救漂浮1分钟的能力，12岁要求游泳150米、自救漂浮3分钟，13岁要求限时5分钟完成200米游泳。在澳大利亚更具影响力的是"安全地玩水"计划（如表1-4）。

表1-4　澳大利亚"安全地玩水"水域安全分层教育模式简介表

教育理念	年龄层次	教学内容
"安全地玩水"	一年级	水域安全：学习各种水域安全问题，了解水域安全是玩水的首要条件，学习如何进行安全的水域活动及行为，树立学习游泳的思想
	二年级	海滩安全及救生：学习海滩安全首要在于遵守海滩上各类旗帜管理，明确在有救生员执勤的警戒范围内水域游泳和玩水，增强对水流的认识及海滩安全的十大守则
	三年级	内陆水域：学习河流、湖泊及水库等水域安全，了解各类水域的特点，介绍河流、湖泊等水域安全的基本守则及认识各种旗帜与警告标语
	四年级	游泳池安全：学习游泳池安全原则
	五年级	水域游艇：学习救生衣的使用，坐船及游艇安全注意事项，选择安全救生衣（介绍三种常见的救生衣），危险时的处理方法，个人水上小艇、滑水及钓鱼的安全守则等
	六年级	水域救生及夏日假期安全守则：学习保持冷静是获救和自救的前提，如何避免脊髓损伤，如何避免身体体温下降，以及安全玩水守则

资料来源：王国川、翁千惠，2003年，经研究者整理。

2. 按教育对象分层

澳大利亚政府历来重视水域安全教育，在全民的水域安全计划中，儿童从小就被灌输与水域安全教育相关的知识，并在其学会游泳后教授水域安全救生技能训练，使其拥有水中自救和水中救人的知识与技能。然而，儿童、青少年并不是水域安全教育的唯一受众，根据教育对象的不同，澳大利亚政府还制定了"婴儿水域安全教育计划""保持警觉教育计划""游泳及求生教育计划""初级救生员、玩水玩得聪明、救生比赛"等教育计划（如表1-5），旨在确保全民涉水的安全。

表1-5　澳大利亚水域安全教育按教学对象分层教育模式简介表

教育理念	教学对象	教学内容
水域安全计划	婴儿	婴儿水域安全教育计划：目的是引导婴儿喜爱水域活动，进而培养他们的自信和独立探索的能力，采取游戏、歌唱等方式来进行水域活动，并允许父母共同参与，不但使婴幼儿熟悉了水性，而且也使他们的父母学会了儿童水域安全的相关知识和技能
	儿童	游泳及求生教育计划：目的是教会儿童游泳技能、水域安全知识及水域求生技能等
	青少年	初级救生员、玩水玩得聪明、救生比赛等教育计划：目的分别是为喜爱水域活动的青少年提供更多有趣的水域活动课程，通过互动式电脑网页界面传授水域安全知识，鼓励青少年学习水域救生技能等
	父母	保持警觉教育计划：新生儿及儿童是溺水的高发群体，此计划的目的是教育父母提高警觉并看好自己的小孩，尽可能使自己的小孩熟悉水性，以及学习急救与心肺复苏等内容

资料来源：王国川、翁千惠，2003年，经研究者整理。

3. 按目标层次

除了按照年龄层次和教育对象的不同进行分层，加拿大红十字会还制作动物徽章（海星、海龟）将儿童青少年水域安全能力划分为十二个等级，依照从低到高的顺序依次考核，直至完成十二级水域安全教育目标；而中国台湾地区受其启发，结合岛内实际情况，借用海马、水獭、海龟、海豚和旗鱼五个等级象征来评定中小学生的水域安全能力（如表1-6）。

表1-6　中国台湾地区中小学水域安全教育分级（五级）指标表

图腾/级数	游泳技能	自救技能	备注
海马/第一级	在水中拾物两次；蹬墙漂浮3米后站立	站立韵律呼吸20次；水母漂10秒	拾物的物品约10元硬币大小；韵律呼吸必须连续完成；韵律呼吸单双脚均可；水母漂10秒不换气

续表

图腾/级数	游泳技能	自救技能	备注
水獭/第二级	打水前进10米；游泳前进15米（换气3次以上）	浮具漂浮60秒；水母漂20秒（可换气）；仰漂15秒	浮具包括浮板、浮球、浮条等；仰漂可助划
海龟/第三级	游泳前进25米（换气5次以上）	水母漂30秒，每10秒换气1次；仰漂30秒	仰漂可助划
海豚/第四级	仰泳、蛙泳、蝶泳、自由泳任选一种完成50米	踩水30秒；仰漂60秒	需不着地持续完成50米游泳；达到50米的泳池需包含转身动作；仰漂可助划
旗鱼/第五级	持续游泳100米	踩水60秒；仰漂120秒	不限泳姿，持续完成100米游泳；达到50米的泳池需包含转身动作；仰漂可助划

资料来源：周嘉慧，2009。

第三节 大学生水域安全分层教育的内容和干预机制研究

一 大学生水域安全分层教育的内容简介

（一）水域安全知识简介

随着人们对水域安全认识的不断加深，水域安全知识涵盖的内容也不断拓展，主要包含环境认知、器材设备和个人预防三大方面。

第一，水域环境认知方面的知识教育一直深受各国的重视，美国、澳大利亚一直强调水质、天气、警告标示等；中国台湾地区从游泳池安全要点，海滩游泳安全要点，河川、溪流、湖泊安全要点等数个方面加强人们对水域环境的认知，更有中国台湾地区学者细化到对全台河流、湖泊、小溪等区域性危险水域的绘图警示加以研究。通过各类致死性溺水的特征与危险因素进行分析，国内逐渐加强了该方面的知识普及，国家卫生部发布了《儿童溺水干预技术指南》(2011),强调环境认知的重要性;宁波市安全生产协会在2014年率先发布了《江北溺水危险水域示意分布图》等。

第二,器材设备作为水域安全必不可少的辅助设施近来被重点关注,其中美国科研机构联合企业在这一领域尤为突出,美国儿童科学会(American Academy of Pediatrics)联合美国消费品安全委员会(U. S. Consumer Product Safety Commission)、个人浮选设备制造协会(Personal Flotation Device Manufacturing Association)等对溺水的伤害从水池与水温安全、浮具选制、溺水救护、安全知识等器材装备的角度进行了规范和定位。

第三,个人预防通常是学校教育、家庭监督和个人行为最注重的要点,尽管政府、社会、学校及家庭做了大量宣传和强调工作,但大学生由于各种原因的疏忽而导致的溺水仍然时有发生。如贝尔(Bell)等(2008)根据英国卫生部的统计,用量化的方法发现:有癫痫等不宜下水的疾病的患者想要亲近水域,风险会比普通人群显著增加。这些研究不仅证明了个人预防的重要性,更指出了个人预防的知识要点。

由于三大方面涵盖的知识点较多,无法一一列举,因此,本书将水域安全分层教育的内容做简要归纳(见表1-7)。

表1-7　　　　水域安全知识分层教育的基本内容简介表

水域安全知识	内容
环境认知	水域环境复杂,常见的水域活动环境包括游泳池、湖泊、河流、海洋等。在水域活动之前,必须先对水域环境有基本的了解和判断。在游泳池中活动,应注意水深及水温;而户外游泳环境中,应对水流、地势有所了解。入水前,首先选择有救生员、救生防护设施的水域;其次,选择安全干净的水域;最后,应了解相关水域的特点,评估自身的能力是否适合该水域的活动。除此之外,天气的识别、水域警告标示识别均是环境认识的要点

续表

水域安全知识	内容
器材设备	每种水域环境均有其专门的器材与装备，如泳池离不开救生圈、浮板、救生绳等，潜水离不开眼镜、蛙鞋、呼吸管等设备，诸如此类，为确保水域安全，应在入水前选择合适的器材设备
个人预防	个人预防方面应注意：评估身体状况，身体不适、疾病患者、情绪不佳等均不宜于水域活动；评估自身的水域安全能力，在水域活动中正确评估自身实力，不能贸然下水；入水前需热身；穿着适当的衣物；具备自救与救生常识

（二）水域安全技能简介

美国、加拿大、澳大利亚等水域安全教育发达国家已陆续丰富水域安全技能内容，包括游泳技能（自由泳、蛙泳、仰泳、混合泳、速度游等各种游泳技能）、自救技能（仰漂、水母漂、抽筋自解、踩水、韵律呼吸、借物漂浮、水中脱衣、浮具制作等）和救溺技能（岸上救援、直接救援和紧急救生，其中岸上救援又包括手援、抛掷浮具和其他物体施救，直接救援包括水中靠近、拖带和水中解脱救生技能等，紧急救生技能包含心肺复苏、损伤急救等）。其内容简介见表1-8：

表1-8　　　　　水域安全技能分层教育基本内容表

水域安全技能	内容
游泳技能	自由泳、蛙泳、仰泳、混合泳、速度游泳等各种游泳技能
自救技能	溺水发生时，使用的各种可以救助自己的游泳技能和救生技术都是自救技能，如：仰漂，在人体能下降或遭遇溺水危险时，身体放松深吸气，身体后仰，使头部露出水面，慢慢吐气，漂浮于水面；水母漂，深吸一口气后，埋头在水中向下，手脚自然下垂，换气时双手向下压水；抽筋自解，依照抽筋部位的不同，进行各种缓解抽筋的方法；踩水，头露出水面，双手在胸前做摇摆式划水维持身体平衡，脚步踩水保持上浮；除此之外，还有等待救援、韵律呼吸、借物漂浮、水中脱衣、浮具制作等

续表

水域安全技能	内容
游泳技能	自由泳、蛙泳、仰泳、混合泳、速度游泳等各种游泳技能
救溺技能	当他人溺水,实施救溺的能力必不可少,大致分为三大类:岸上救援、直接救援和紧急救生,其中岸上救援又包括手援、抛掷浮具、其他物体施救;直接救援包括水中靠近、拖带、水中解脱救生技能等;紧急救生技能包含心肺复苏、损伤急救等

二 大学生水域安全分层教育的干预机制

水域安全教育的最终目的是塑造学生的健康行为,而健康信念理论是最早用于个体健康行为解释和预测的模型。20世纪50年代,致力于美国公共健康服务的罗森斯托克(Rosenstock)提出该理论,20世纪七八十年代由Becker等加以修订不断发展成"健康信念模型"(health belief model, HBM)。理论假设个体对某种疾病所持有的一系列信念会决定其是否采取健康行为,包括疾病的易感性、疾病的严重性、行为所需代价、行为的效益及行为线索。该理论广泛用于吸烟行为、艾滋病、危险驾驶等一系列与健康行为相关的领域。在原型的基础上,经过"保护动机理论"(protection motivation theory, PMT)、"理性行动理论"(theory of reasoned action, TRA)、"计划行为理论"(theory of planned behavior, TPB)和"健康行动过程观"(health action process approach, HAPA)等理论的发展与补充,其实证方法更注重科学的可检验性,获得研究者的一致赞同。

相对于水域安全教育中健康行为的塑造,有针对性地干预大学生的水域高危行为成为有力的补充。目前,"知信行"理论(knowledge, attitude, belief, practice, KAP/KABP)已被广泛应用于不同文化背景下健康行为的促进研究(马骁, 2012);用以干预和解释不健康行为、艾滋病预防、危险驾驶行为及烟酒行为时,表现出较好的解释力(张河川等, 2004)。国内学者夏文(2012)的"知信行"理论包括水域安全知识是基础,即"知";水域安全态度是动力,即"信";水域高危行为是目标,即"行"。"知"的提高改变"信"从而干预"行",是该模式的理论基础。其在 Kevin Moran 博士的水域安全"知信行"问卷的基础上增加了安全技能（skill），较好地解释了水域安全知识、水域安全技能、水域高危行为和水域安全态度间的关系：水域安全知识、安全技能都会影响水域高危行为。而水域安全态度是中介变量，水域安全态度越积极，高危行为发生的概率越低；水域安全知识的增加有利于优化和改善水域安全态度，但安全技能的提升和态度并不显著相关，相反可能会导致水域高危行为增加。并在此基础上提出了"知信行"水域安全教育模式，旨在强调水域安全教育不能片面倚重游泳技能教学，应强调水域安全知识和安全技能的综合教学，注重学生的水域安全态度的改善。

"知信行"理论主要局限于过度强调知识学习的作用，而在人们的实际生活中，个体的行为并不完全受知识水平的左右，如：游泳救生员都知道深水区会比浅水区危险，但他们仍然会乐意在深水区游泳。而"知信行"水域安全教育模式受其影响，安全技能明显弱化，局限于游泳技能教学，对自救技能和救溺技能少有涉及，且安全技能的评定过于主观，无法直观量化评价。

第四节　研究述评

综上所述，溺水事实已严重威胁学生的生命安全，是社会各界关注的重大安全问题，水域安全教育无疑是溺水干预的最佳方法。

一　大学生水域安全教育的现状亟须调查

大学生性格独立、敢于冒险、喜好刺激，是溺水的高危人群。水域安全教育发达国家和地区往往在儿童、青少年时期就已完成了水域安全教育，并无大学生群体的相关经验。国内学界的关注视角集中在溺水的医学救护与病理分析、游泳技能的教学与提高、救生员培养体系等，缺乏对大学生水域安全教育的整体性调研。

二　大学生水域安全分层教育模式有待构建

大学生水域安全技能的基础和知识掌握存在显著差异；现行的大学生水域安全教育的课程内容结构过于陈旧，局限于游泳技能的教学，缺乏对水域安全知识、水域安全技能（自救和救溺技能）的整体性布置；且教学与考核标准一刀切，忽视了大学生水域安全教育的个体化需求，教学效果不佳。因此，亟须一个针对性强、覆盖面广、时效性强的大学生水域安全教育模式出现。水域安全教育发达国家和地区的教学理念更为科学，水域安全分层教学经验值得借鉴。分层教育模式能根据学生的实际情况和个性差异，有针对性地进行差别的教学，使不同层次的学生均获得最佳发展，可以成为改善当前中国大学生水域安全教育现状的有利参考。未来研究应基于分层教育理论，参考国外水域安全分层教育的实践经验，立足于中国大学生水域安全教育的现状，以涵盖水域安全知识、水域安全技能为教学内容，以改善水域安全态度、减少水域高危行为为教学目标，构建新的大学生水域安全分层教育模式。

三　大学生水域安全分层教育模式更待检验

重新构建的大学生水域安全分层教育模式应涵盖水域安全知识（包含个人预防知识、环境认知知识和器材设备知识）、水域安全技能（包括游泳技能、自救技能和救溺技能）。构建的模式效果到底如何，应展开实验研究进行检验，而依据正是水域安全教育模式的干预机制。

第五节　研究设计

一　研究目的和意义

（一）研究目的

本书基于大学生溺水事件，选取政府、学界、社会共同关注的"水域安全教育"作为研究核心，通过综述国内外水域安全教育理论，进而借鉴先进的教育模式，为现今的教学改革和教学实验提供一种新的思路和方法。

1. 构建影响学生水域高危行为因素的理论模型，为有针对性地预防和干预学生水域高危行为提供方向。

2. 利用水域安全教育的影响因素展开大学生水域安全的教育现状调查，呈现大学生水域安全的教育现状，通过现状聚焦问题。

3. 针对大学生水域安全教育的不足与模式缺陷，结合分层教育理论分别构建大学生初、中、高三级水域安全教育模式。

4. 逐级开展实验检验，科学验证大学生初、中、高三级水域安全教育模式的教学效果。

（二）研究意义

1. 理论意义：传统的水域安全教学更加注重游泳技能，缺少完整而严谨的水上救生教学。本书通过借鉴水域安全"知信行"教学模式中水域安全知识和水域安全技能对大学生的水域安全态度和水域高危行为的影响机制，结合发达国家水域安全教育分级教学的经验，细化水域安全技能的教学内容，逐级融入自救技能和救生技能，以建构大学生水域安全分层教育模式。

2. 实践意义：本书通过系列教学实验分别检验大学生水域安全初、中、高三级教育模式是否科学有效，实验以安全教育贯穿教学始终，逐步提高学生的自我救溺能力，预防溺水。而反复修订的各级教学计划、教学大纲、教案、教学进度等一旦通过检验，便可用于大学生水域安全的教学。

二 研究内容

（一）大学生水域高危行为的影响因素研究

分析影响大学生水域高危行为的内涵与结构，以期构建影响大学生水域高危行为因素的理论模型，为有针对性地预防和干预大学生水域高危行为提供方向，为降低溺水甚至溺亡率提供参考。

（二）大学生水域安全的教育现状调查

通过总结学者的前期研究归纳出影响大学生水域安全教育的因素包括行政因素、课程因素、教师因素、家长因素、学生因素，学生水域安全教育的内容包括水域安全知识、水域安全技能，作用机制是对水域安全的态度和水域高危行为，这为本书提供了重要的参考。本书将继续深入调查具备不同水域安全知识、水域安全技能水平的大学生的水域安全的态度及其水域高危行为的水平值，分析不同数值背后的大学生水域安全教育的特征，为有针对性地进行模式构建提供依据。

（三）大学生水域安全分层教育模式的构建

通过理论与先进教育模式的借鉴，针对大学生水域安全教育特征和现行教育模式的不足，科学构建大学生水域安全分层教育模式：首先通过检测大学生真实的水域安全能力，将之划分为初、中、高三个等级，然后匹配相对应的水域安全教育内容。初级教育模式旨在普及水域安全知识和基本的水域自救技能；中级教育模式除了普及水域安全知识和基本的水域自救技能外，还需要提高游泳能力和掌握必要的岸上救援和辅助救援能力；高级教育模式除掌握水域安全知识和提高游泳技能外，还需要掌握水中直接救援和拖带能力，其考核标准对接国家体育总局的初级救生员等级标准。根据每一等级的考核标准，每位学生必须通过考核才能进入更高级别的学习。

（四）大学生水域安全分层教育模式的检验

本书探索性地将大学生水域安全教育模式进行初、中、高三级的分层，分级制定水域安全知识和技能内容，需在大学生水域安全教学中考察水域安全教育模式分层次教学对促进学生水域安全知识和技能的有效性及效果的保持性。大学生水域安全初级教育模式实验包括：检验水域安全知识、水域安全技能（游泳技能、浮具制作、抽筋自解、自救漂浮）、水域安全态度、水域高危行为的相关知识的传授在教学中的效果及其保持；大学生水域安全中级教育模式实验包括：检验水域安全知识、水域安全技能（游泳技能、踩水呼救、岸上救助、手援救助）、水域安全态度、水域高危行为的相关知识传授在教学中的效果及其保持；大学生水域安全高级教育模式实验包括：检验水域安全知识、水域安全技能（游泳技能、解脱技能、损伤急救、现场赴救）、水域安全态度、水域高危行为的相关知识的传授在教学中的效果及其保持。大学生水域安全分层教育模式拟让每位参加学习的学生都能清楚地认识到自己所具备的水域安全知识、技能，能够在遇险时果断地判断并选择合理的救溺方法，避免悲剧发生；同时，注意充分发挥水域安全的教育功能，通过课程教学锻炼意志、陶冶情操，培养团结互助精神。通过上述实验，以期为现阶段大学生水域安全教育课程的教学改革和教学实验提供新的思路和方法。

三 技术路线

本书的研究技术路线如图1-7所示：

```
         文献搜集
            ↓
         研究设计
          ↙    ↘
    设计访谈提纲   查阅翻译问卷
         ↓         ↓
      实施访谈    问卷调查
          ↘    ↙
         论文撰写
            ↓
         文献综述
            ↓
    ┌─────────────────┐
    │     研究一       │
    │学生水域高危行为的影响因素探究│
    └─────────────────┘
            ↓
    ┌─────────────────┐
    │     研究二       │
    │ 大学生水域安全教育现状调查 │
    └─────────────────┘
            ↓
    ┌─────────────────┐
    │     研究三       │
    │大学生水域安全分层教育模式的构建│
    └─────────────────┘
            ↓
    ┌─────────────────┐
    │     研究四       │
    │大学生水域安全分层教育模式的实验研究│
    └─────────────────┘
            ↓
         综合讨论
            ↓
          结语
```

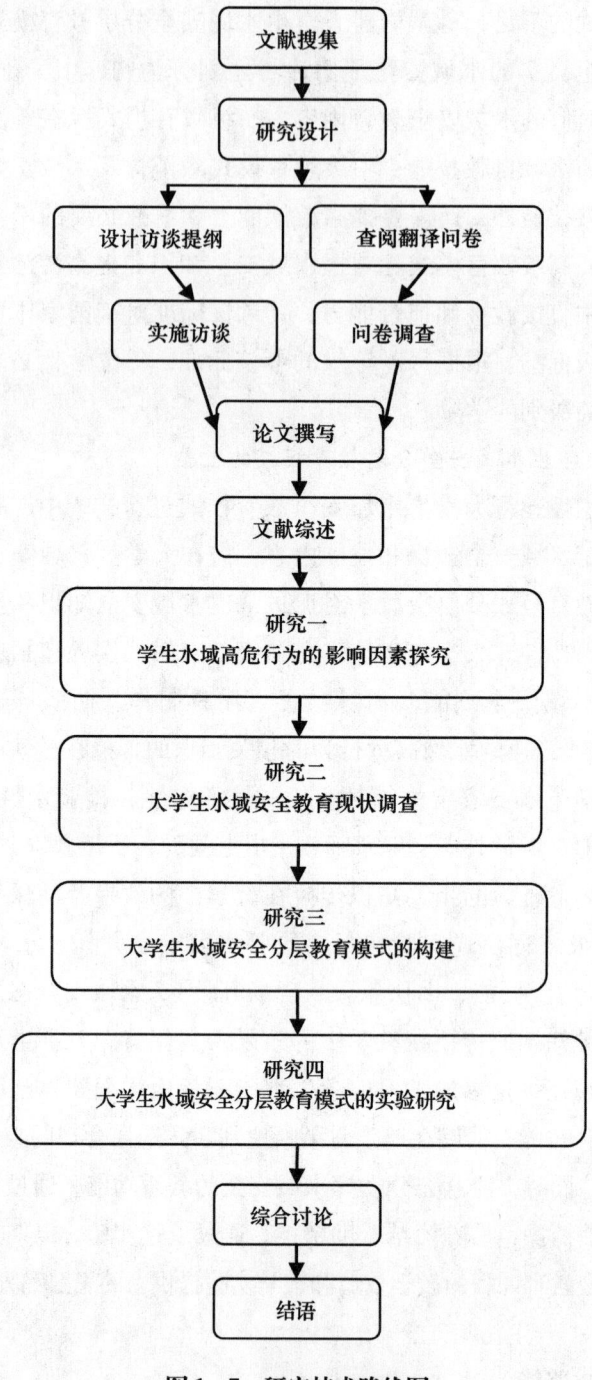

图 1-7 研究技术路线图

第二章

学生水域高危行为的影响因素探究

第一节 问题的提出

种种数据表明：溺水已严重威胁学生健康，属于全球性的公共健康问题。查阅已有文献，学界已展开了溺水与水域高危行为（Waters Risk Behavior）的相关研究，并一致认为水域高危行为导致溺水甚至溺亡（夏文等，2012；夏文等，2013；夏文等，2015）；但溺水难以测量与评价，且溺水前的干预难度较大，而溺水后的医学救护又为时已晚。因此，对导致溺水的水域高危行为进行研究十分必要，一方面可以准确把握学生水域高危行为的影响因素，为溺水提供科学的诊断依据；另一方面，为学生水域高危行为的干预提供新的思路和方法。

20世纪80年代后期，美国心理学家杰赛（Jessor R）首次提出了"高危行为"，时至今日，安全领域对"高危行为"的研究已不断拓展。国内外水域高危行为的研究大致集中在三个方面：（1）出于医学角度对水域高危行为后果的救护与病理研究；（2）探索不同教育理论下水域高危行为的干预研究，如：计划行为理论、"知信行"理论（Brenner, R. A. et al., 2003；夏文等，2013）；（3）不同地域水域高危行为影响因素研究。本书重点关注第（2）和第（3）方面，如：美国国家儿童健康和人类发展研究所的布伦纳博士对游泳课、游泳能力、溺水风险的关系进行实验研究发现：溺水者与自身的性格特点和周围的具体环境有关（Brenner, R. A. et al., 2003）；朱迪思（Judith P. McCool）通过对新西兰人的问卷调查发现：溺水与游泳者的安全知识、游泳行为、游泳能力、风险感知等紧密相关（Mccool, J. et al., 2008）。国内相关研究较少，仅有个别研究涉及溺水及其高危行为影响因素，如陈天骄（2007）调查发现：溺水及其相关行为的发生与学生的性别、年级、地区、经济水平等相关，这和国外水域高危行为的研究视角差异较大。综上，以往研究的不足主要体现在：（1）理论基础不牢固，无论是在国内还是国外，虽然有前人尝试性地探究影响水域高危行为的因素，但水域高危行为的影响因素本身是个十分复杂的系统，限于研究方法与视角，研究结论难以相互说服，无法形成具有较强解释力的水域高危行为影响因素模型；（2）缺乏有效的预防与干预手段，正是局限于影响水域高危行为因素的研究，无论是在环境因素的控制还是在游泳能力的训练中，都显得无的放矢，无法形成学界公认的预防与干预手段。

近年来，社会学领域的质性研究方法不断为体育学所借鉴，而"扎根理论"（grounded theory）作为经典的质性研究方法逐渐受到研究者青睐。与量化研究相比，"扎根理论"一般不需要研究者在研究开始之前进行理论假设，而是直接从原始资料中归纳概念和命题，是一种自下而上建立理论的方法，即在系统收集资料的基础之上，寻找反映社会现象的核心概念，然后通过在这些概念之间建立起联系而形成理论（Anselm, S., Juliet, C., 1997）。格拉泽指出，"扎根理论"对抽象问题及其（社会）过程的研究具有方法优势，特别适合在特定情景下，反映社会现象的真实情景（Glaser, B. G., 1992）。这无疑为水域高危行为的研究提供了新的视角。基于此，本书拟运用"扎根理论"的研究范式分析影响学生水域高危行为的内涵与结构，以期构建影响学生水域高危行为因素的理论模型，为有针对性地预防和干预水域高危行为提供方向，为降低溺水甚至溺亡率提供参考。

第二节 基于"扎根理论"的学生水域高危行为的影响因素研究设计

一 研究对象

在研究过程中采用访谈的方式，实际访谈31人，有效访谈（其余访谈无新的概念范畴出现）24 人，如表 2-1 所示。受访者的选取基于以下三条标准：（1）有溺水经历或有救溺经历或有同伴溺水经历者，其中 16 人有溺水经历，11 人有救溺经历，同时具有两种经历者 6 人，另 3 人有同伴溺水经历；（2）主要对象是学生及与学生溺水密切相关的救生员、游泳教师，其中学生 21 人（学生兼职救生员 3 人），游泳教师 3 人（两人具有救生员经历），主要年龄集中在 8—37 岁，平均年龄为 19.4 岁；（3）访谈对象游泳环境涵盖主要水域，其中包括河流（江流、小溪）、湖泊、海边、水塘、水库、游泳池等。

表 2-1　　　　　　　　被访谈人基本信息表

访谈对象	年龄	访谈对象身份	访谈对象游泳环境	访谈对象水域经历
WXL	21	学生	河流	溺水者
WM	14	学生	游泳池	溺水者
DJB	20	学生	河流、游泳池	救溺者
YZA	19	学生	海边	溺水者
LQ	22	学生、救生员	游泳池	救溺者
YLJ	15	学生	湖泊、游泳池	同伴溺水
ZJS	37	游泳教师	游泳池、水库	救溺者
WTT	17	学生	河流、游泳池	溺水者、救溺者
HY	20	学生	河流、游泳池	溺水者
ZD	22	学生、救生员	湖泊、游泳池	救溺者
WDS	28	救生员、游泳教师	河流、游泳池	溺水者、救溺者
LH	21	学生	水库	溺水者
ZXW	9	学生	游泳池	溺水者
WYH	17	学生	河流、游泳池	溺水者、救溺者
HX	11	学生	游泳池	溺水者
WJ	22	学生	河流（小溪）	同伴溺水
ARN	24	学生、救生员	游泳池	溺水者、救溺者

续表

访谈对象	年龄	访谈对象身份	访谈对象游泳环境	访谈对象水域经历
BSY	14	学生	游泳池	溺水者
HXF	19	学生	河流、游泳池	同伴溺水
MY	21	学生	游泳池	溺水者、救溺者
CSC	29	救生员、游泳教师	河流、游泳池	救溺者
TL	8	学生	水塘	溺水者
HHQ	16	学生	游泳池	溺水者
LXC	20	学生	海边、游泳池	溺水者、救溺者

注：访谈对象姓名以英文大写字母代替。

二 研究过程

本书立足于"扎根"数据，强调通过挖掘数据中所蕴含的"语句"，进而归纳形成属性因子，并对各因子进行鉴别、比较和分类，严格按照"扎根理论"的研究步骤收集和处理资料，并最终形成理论。本书将采用三级编码的方式对所有整理后的录音文字稿进行编码处理，三级编码包括开放式编码（一级编码）、主轴编码（二级编码）、选择性编码（三级编码），并制定研究流程（见图2-1）。

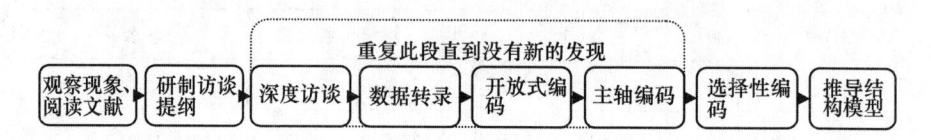

观察现象、阅读文献 → 研制访谈提纲 → 深度访谈 → 数据转录 → 开放式编码 → 主轴编码 → 选择性编码 → 推导结构模型

（重复此段直到没有新的发现）

图2-1 学生水域高危行为影响因素研究流程图

（一）访谈

正式访谈前，采用头脑风暴法收集访谈内容，并整理形成访谈提纲初稿；再咨询两位体育心理学专家和两位游泳教师形成访谈提纲第二稿；将提纲的程序与内容请5位专家做进一步修改。访谈均在自然条件下采用面对面的半结构式深度访谈，征询受访者同意进行全程录音，学生访

谈时间为20—30分钟，救生员、游泳教师访谈时间为30—40分钟。对溺水者的访谈提纲以影响最深的溺水经历为访谈主线，主要是请溺水者回忆该次事件发生的情境、具体的行为和心理过程，以及反思该起事件的潜在危险、导致因素和规避办法；对救溺者的访谈提纲以救溺经历为访谈主线，主要是请救溺者回忆当时救溺的环境、具体方法和心理过程，以及救溺过程中的潜在危险和规避办法；对同伴溺水者的访谈提纲以同伴溺水事件为访谈主线，主要是请受访者回忆同伴溺水发生的主要原因、周围环境及规避办法。

（二）资料分析与编码

将所有的访谈音频资料整理成访谈文本，并对非语言信息进行标注，剔除完全没有关联的数据。其中，单个访谈的平均时间约为27分钟，最长一次访谈的录音时间为39分37秒，最短一次访谈的录音时间为18分16秒，形成的访谈文本最长达5462字，最短为1643字，共计约8.6万字。具体的操作程序是：（1）开放式编码，即从整理的原始语句中提取影响学生水域高危行为的小范畴类别；（2）主轴编码，将各种小范畴进行分类与比较，提炼出大范畴；（3）选择性编码，进一步挖掘能够统领所有范畴的核心范畴；（4）将分析得出的各范畴类别作为影响学生水域高危行为的结构因子，最终得到结构模型。

（三）研究信度检验

为了提高研究的信度，研究过程中采用了三种方法。（1）掌握水域高危行为的相关知识，以自身溺水和救溺事件的叙述导引受访者相关经历的回忆，从而引起受访者对于访谈的重视并还原事件的真实性。（2）统一编码原则，提高编码一致率。编码人员分为两组，随机抽取5个访谈样本进行编码比对，确定开放式编码原则后再进行大范围编码。两个编码小组最终编码一致率为85.7%，编码信度较高。（3）邀请两位体育心理学专家和两位游泳教师对编码结果进行评价，进一步提高材料分析的可靠性。

第三节 基于"扎根理论"的水域高危行为的影响因素结构分析

一 开放式编码

开放式编码主要是把收集的访谈资料概念化并进行分类,目的是认识现象、界定属性、归属类别。基本原则包括:(1)最大限度地保持数据的真实性,不得人为扩大其内涵与外延;(2)口语化的数据转录成通顺的书面语句;(3)登录的语句内涵需要相对独立,避免重复。具体的初步概念化的过程举例详见表2-2:

表2-2 原始数据初步概念化的过程(举例)表

类型	原始数据内容	开放式编码:初步概念化
数据编号:SY014 数据对象:21岁女学生(溺水者)	平时我家门前的小河水很浅,有一次下大雨之后,河水涨了,水是浑的,几个弟弟拿着竹竿在水上漂,我觉得很好玩,本来我不会游泳,他们说可以保护我,我就去了,就想去试一下,我也拿了一根竹竿跟着他们漂,结果有个地方水流特别快,我没有抓住竹竿,就掉水里淹着了,本来想喊救命,当时嘴里鼻子里全是水,以为自己淹死了,后来胡乱抓住了弟弟漂的竹竿,还是呛了很多水。(问:那你父母没有阻止你们吗?)从小父母就到外面打工去了,家里就只有奶奶,基本上管不了我们	G194 看着别人在水(海、池、河、湖)中玩得那么"嗨",情不自禁想尝试 G4 不了解不要去水流湍急的地方 G3 不了解口鼻呼吸的正确方法 G114 不清楚溺水时正确的求救方法 G211 监护人无力监护下水游泳

续表

类型	原始数据内容	开放式编码：初步概念化
数据编号：SY069 数据对象：28岁男救生员、游泳教师（溺水者、救溺者）	现在大学生都喜欢冒险和刺激，上次我们搞一个大运会，比赛结束之后，队员都嚷着找一个水质好点的地方去搞烧烤，我很担心他们的安全问题，所以也就跟着去了。去了之后免不了下河游泳，有的队员还知道做了准备活动再下水，有的队员一个猛子就扎下去了；河里不像泳池，有的地方水流急了站不住，有个女孩就吃了亏，她们比潜水的距离，结果潜起来正好脚下滑、水又急，没站住，连着喝了好几口水，幸好我们训练的这批队员很多都在做救生员，她自己也还可以，没有慌，最后上岸的时候眼睛都是血红的，闷了好半天，还成了我们队里的笑料	G1 了解下水前用点冷水浇洗一下躯干和四肢，尽快适应水温 G2 了解下水前做热身，利用慢跑或者做操来活动身体 G206 清楚深浅不明的地方不要跳水 G121 游泳的时候会比谁潜的时间更长，距离更远 G142 了解溺水时惊恐慌张反而会使肌肉活动能力降低，阻碍自救 G209 清楚河底多为鹅卵石，常年浸泡非常滑，水中行走一定要注意

按照表2-2所示的原始数据初步概念化的过程，对所有的原始数据进行登录，在仔细检查重复语意与内容之后，共形成229条与水域高危行为影响因素相关的语句（详见表2-3）。通过这些语句的初步概念化归纳，基本涵盖了影响学生水域高危行为的方方面面。

表2-3　　　　　所有原始数据初步概念化的结果表

初步概念化语句描述	初步概念化语句描述
G1 了解下水前用点冷水浇洗一下躯干和四肢，尽快适应水温	G3 了解口鼻呼吸的正确方法
	G4 了解不要去水流湍急的地方
G2 了解下水前做热身，利用慢跑或者做操来活动身体	G5 清楚水域的危险性，有父母监护才会下水
	G6 能够在游泳乏力时正确使用所带的救生器材

续表

初步概念化语句描述	初步概念化语句描述
G7 了解游泳时发现不远处有漩涡，应尽量绕开	G27 清楚跳水的危害，坚决拒绝
G8 具备被溺水者抓住头发时的解脱方法	G28 他们（父母）不允许我游泳，除非和他们一起
G9 感觉游不了了，浑身酸软	G29 监护人无暇顾及，只要想游泳就会去
G10 男孩更喜欢表现自己，往往喜欢在女孩面前表现，结果下水就被水呛住了	G30 他们（同伴）总喜欢跳水，确实很好玩
G11 女孩更听话一点，男孩子自主性比较强，更愿意下水冒险	G31 下水之前（同伴）都会让我们一起做准备活动和试水温
G12 清楚在海滩、湖泊等地下水前寻找旗帜标志信息	G32 学校要求我们在假期游泳，必须有父母监护才能去
G13 了解自己的疾病史，如高血压、心脏病、中耳炎、皮肤病患者应特别注意游泳地点和环境	G33 学校严禁游泳，封闭了游泳池和可能游泳的周边水域
G14 了解来往船只较多的地方不适合游泳	G34 除了严重缺水，从未停止过游泳
G15 清楚若发现有人溺水时，感觉情况较严重，应大声呼救后拨打救援电话	G35 了解其他人员该水域坚持设置警示标志的用意
G16 了解在岸边寻找可漂浮的物品抛给溺水者	G36 知道在体力即将耗竭时，应放松肌肉并减慢动作，缓和呼吸频率
G17 清楚如何保证溺水者脑血流量，甚至增加回心血量	G37 清楚在冬天不慎落水时，利用漂浮物漂浮保持静止，保持体温，呼救等待救援
G18 清楚河流中乱石容易划伤脚	G38 具备被溺水者抱住颈部的解脱能力
G19 做事比较有分寸，不会轻易冒险	G39 平时锻炼较少，呼吸倒没问题，就感觉四肢乏力
G20 认为人多的地方一定不会有危险	G40 自从有人在那个地方溺亡了，我再也没有去过那里
G21 游泳课上有老师和同学们的相互关照	G41 清楚游泳不能时间太长，体力感觉不支了应该及早上岸
G22 长期游泳的人身材都很好	G42 知道如果自己没有学过水上救生，不可贸然下水施救
G23 越是刺激的动作越想尝试	
G24 朋友不如我，他都能游过去，我肯定没有问题	G43 了解游泳前进时，应睁开眼睛，与前者保持安全距离，以免被踢到而受伤
G25 能游深水区，浅水区就没意思了	G44 清楚如何保持呼吸道通畅
G26 很久没有遇到这么清澈的水了，不游一会都觉得可惜	G45 清楚时刻观察大江大河中的漩涡

续表

初步概念化语句描述	初步概念化语句描述
G46 他（溺水者）性格爽朗，时刻想当个男子汉，遇到别人有困难就会去帮助	G65 具备水中自救的韵律呼吸
G47 生活中的习惯，忽略了危险	G66 清楚游泳池边容易滑倒，不奔跑和追逐
G48 游泳前观察了海边警戒线，时刻注意游泳的区域	G67 具备小腿抽筋自解的能力
	G68 具备大腿抽筋自解的能力
G49 尝试动水逆流游泳的感觉	G69 具备手抽筋自解的能力
G50 尝试别人无法靠近的水域	G70 了解抽筋之后，应变换姿势游回岸边，防止再次抽筋
G51 朋友能保护一个不会游泳的，更能保护我这个会一点的	G71 了解不干净的水域不要游泳
G52 以前在浅水区玩过，没危险，因此无论在室内还是野外，只要水不深都没问题	G72 最好佩戴颜色鲜艳的泳帽，方便救生员观察
	G73 清楚发现有人溺水，在拿不准的情况下首先应该大声呼救
G53 朋友一直拖我下水，磨不开情面，陪他们玩一会	G74 清楚如何判断溺水者是否清醒
G54 坚持不熟悉水域不下水的原则	G75 知道很多人工池塘或者废旧的水库下面都有淤泥
G55 坚决不在溺亡多的水域游泳	G76 他（溺水者）从不服输，别人能做的事情他总要做到
G56 父母认为让我学会游泳是为了掌握一门自救的技能	G77 备有浮具，万一没有体力了可以依靠它休息一会
G57 游泳比赛比较多，得了好的名次可以在升学的时候加点分	G78 清楚在动水中游泳（海水的海浪、河流的流水）与泳池不同，加倍消耗体能，不可盲目高估自己的能力
G58 严厉禁止下水游泳	
G59 （同伴）教会了我游泳，每次他去哪里我都会去	G79 具备被溺水者抓住手的相应解脱方法
G60 他们（同伴）都下水了，我不下水他们就一直嘲笑我，以后会抬不起头	G80 具备遇到漩涡，平卧水面快速自由泳游过的能力
	G81 清楚女学生生理期时不要游泳
G61 学校严禁在校期间游泳，每次放学、放假都会在广播里强调	G82 天生就不爱冒险，对于未知的水域更不愿尝试
G62 集中在上学的时间游泳，因为各个危险水域均被老师控制	G83 清楚海边游泳不能太依靠充气式浮具，万一泄气后果严重
G63 家里以水路为生，基本上天天都要接触水	G84 清楚海边一定不能单独游泳，以免发生意外
G64 清楚游泳池各类标识的含义	

续表

初步概念化语句描述	初步概念化语句描述
G85 监护人按规范带我游泳	G102 了解被大水冲走时保持仰姿，脚在前头在后，以免撞伤，伺机找机会上岸
G86 长时间没有相聚，会和朋友吃饭喝酒后，再去游泳	G103 清楚应在设有救生人员值勤的海域游泳，并听从指导及勿超越警戒线
G87 放学、放假后学校及时和家长取得联系	G104 未经历过溺水，不清楚溺水的后果和特征
G88 清楚海边救生员值日的时候有黄、红两色旗杆，没有人值日了，旗子就会收起	G105 尝试体验高难度的技能动作
G89 清楚海边救生员均身穿上黄下红服装	G106 游泳池能游长距离，在野外游个短距离没有问题
G90 知道在水浅的地方跳水容易造成颈椎受伤	G107 清楚学校的三令五申，自觉遵守这些规定
G91 清楚体力透支实在无人救援的情况下仰浮水面休息，等积蓄一点力气之后奋力游回最近的岸边	G108 他们（父母）怕游泳影响我的学习，不允许游泳
G92 了解在水库下游玩耍一定要注意泄洪的时间和信息	G109 放学、放假后会第一时间与老师取得联系
G93 如果水深不超过胸部，可下水拉拽溺水者	G110 他们（同伴）会用暗号叫我出来，然后一起去游泳
G94 了解遇到救援的时候，应举起一只手，放松身体，不要紧抱着施救者不放	G111 每次都游得精疲力竭才会上岸，想提前走他们会不乐意
G95 清楚酒后不要游泳	G112 学校严厉处罚游泳的学生
G96 了解野外公共水域好些地方多有水污染和血吸虫等	G113 水域是上下学的必经之路
G97 知道着装要合理，不能穿牛仔或者吸水的服装入水	G114 清楚溺水时正确的求救方法
G98 知道身体疲乏没有力了仰躺在水面而不下沉的技能方法	G115 了解吃饭之前和吃饭之后不能立即下水游泳
G99 具备较好的游泳能力，非常自信能处理好突发事件	G116 了解如何保持口腔通畅
G100 知道不要单独游泳，和会游泳的大人结伴最好	G117 看到水中有垃圾或者树叶杂物打转，表示水中有漩涡，勿靠近
G101 了解在紧急情况下，可在溺水者后脖子上猛力一劈，使溺水者昏厥，再拖其上岸	G118 涉水是生活的基本需要，忽略了所有的危险
	G119 清楚自己的游泳能力，怎么叫都不会下水
	G120 生活所迫，学会游泳可以帮他们（父母）做事（捞水草、养殖）

续表

初步概念化语句描述	初步概念化语句描述
G121 游泳的时候会比谁潜水的时间更长，距离更远	G139 清楚意外落水（翻船等）时正确的自救步骤
G122 每次他们（同伴）游泳我会感觉格格不入，被说得好像真比他们差很多	G140 男孩私自下水很多，但女孩都会结伴或者有家人才下水，往往私自下水危险大，容易溺水
G123 学校明令禁止学生到周边的水域（湖、河、池）里游泳，否则责任自负	G141 清楚不要在不熟悉的水域环境游泳，待了解后再做打算
G124 他们（同伴）会比我谨慎，每次都提醒我不要冒险	G142 了解溺水时惊恐慌张反而会使肌肉活动能力降低，阻碍自救
G125 他们（同伴）都不喜欢在水里胡闹，如果有人太出格了就会遭到共同抵制	G143 探寻水域最深的地方，并且征服它
G126 清楚地方政府大字标语（警告词语）的含义	G144 清楚浮具的重要性，下水必须带上浮具
	G145 监护人自己不会游泳，所以禁止（孩子）下水游泳
G127 具备在显现溺水征兆时迅速寻找可制成浮具的任何物品及借力漂浮的能力	G146 他们（同伴）说可以保护我，只要求我在浅一点的地方玩
G128 了解在大强度运动后不能立即下水游泳	G147 父母（监护人）同意我去游泳池，但绝不能去野外
G129 掌握正确的人工呼吸方法	G148 每次都会来家里叫我一起去游泳
G130 别人都可以做的动作就不是危险动作	
G131 尝试在水中憋气时间最长	G149 游泳是生活中的常态，监护人很习惯，不会干涉
G132 清楚自己的游泳能力，只会在浅水区活动，遇到深水就调头	G150 尝试战胜最险、最刺激的水域
G133 监护人强烈禁止我下水救人	G151 清楚有滑水道的浴场，起点要有安全人员管制，以免撞到前者的头部，终点也要有安全人员清理航道
G134 我们跳水会排序，按着顺序跳，比谁的浪花大，谁不跳就会被推下去	
G135 他们（父母）常和学校联系，掌握我在学校的近况	G152 掌握自救踩水的方法
	G153 我比朋友身体素质强，他能学会，我肯定没有问题
G136 清楚不要到坡度较大，水流较急的河流或溪流中游泳	G154 在野外水域会游泳，游泳池都是小意思
G137 时刻关注自己的体能和身体，稍有不适，立即停止	G155 知道酒后不能游泳，但当时头脑一热就想试一下
G138 有时他们（同伴）会丢一个标志物，然后我们就一起抢，难免会把人压到水里喝几口水	G156 具备泳前热身的意识，按照规范一步步实施

续表

初步概念化语句描述	初步概念化语句描述
G157 他们（监护人）都禁止我游泳，所以到现在也没有学游泳	G178 坚决不在水草多的水域游泳
G158 亲自护送上学	G179 他们父母（监护人）送我游泳是想锻炼我的体质，增强抵抗力
G159 他们（同伴）说很刺激，反正让我拿着救生圈，不会有危险	G180 清楚自己的救溺能力，合理选择救溺方式
G160 他们（同伴）会尽量快地帮助我学会游泳	G181 虽然父母（监护人）禁止我游泳，但管不住
G161 学校不允许到河边野炊或者郊游	G182 我不会游泳，他们会戏弄我
G162 生活周边环境到处是水域	G183 他们（同伴）让我在没学会游泳之前不要到深水区
G163 了解遇到水草缠绕时，应冷静放松，仔细寻找根源以求解脱	G184 老师严格控制回家的各个水域，严禁游泳
G164 具备应对溺水者已经开始乱抓乱抱，而自己不敢确定是否能解脱的情况下的救援能力	G185 家里虽不以水路为生，但冬天水草是牲口必不可少的草料
G165 游一会儿后感觉很困，想睡觉	G186 清楚水域危险标识的含义
G166 女孩在游泳池都会比较循规蹈矩，男孩喜欢胡乱戏水，往往就导致溺水了	G187 具备被溺水者抱住腰部时的解脱方法
G167 知道太阳太大了不能长时间游泳	G188 了解下水之前先看是否有警告信息
G168 知道找附近居民或者人群借绳索抛给溺水者	G189 团队救援优于个人救援，先保证自己的安全，才能救援别人的生命
G169 具备正确的按压手法	G190 了解专业的心脏复苏技术
G170 清楚平缓的河流中水草较多，游泳容易缠绕	G191 了解海水中有暴露的伤口流血可能会引来鲨鱼
G171 只要有人游的地方，就没什么好怕的	G192 他（她）总是相信别人的话
G172 知道水域不深，不会有很大的危险	G193 非常熟悉经常游泳的区域
G173 知道深水池危险，但观察到有很多救生员	G194 看着别人在水（海、池、河、湖）中玩得那么"嗨"，情不自禁地想尝试
G174 尝试自己到底能够潜多远的距离	G195 大家都可以在浅处玩，我去肯定没有危险
G175 游泳差的敢下水，我游泳能力好更不惧怕该水域	G196 水中会游的人不多，可以展示一下自己良好的游泳技能，让他们佩服
G176 曾经救过人，以后救人更是义不容辞	
G177 知道自己已经很累了，但天气太热了还是想多泡一会	G197 一旦身上有流血受伤，立即离开水域

续表

初步概念化语句描述	初步概念化语句描述
G198 父母送我到游泳池玩，学不学会无所谓 G199 每次游泳，监护人一定陪护 G200 游泳时尽量躲避危险的水域 G201 每次都带救生设备，总有一个人在其他人游的时候上岸休息，充当救生员 G202 学校对住宿的学生实行查寝制度，没有机会游泳 G203 水域就是风景区，来往风景区的人非常多 G204 了解拖带溺水者应使其背对自己进行拖带 G205 了解不要在游泳时或结束时马上大量饮食 G206 清楚深浅不明的地方不要跳水 G207 清楚遇到有人溺水先呼救岸上救援，迫不得已再下水施救 G208 救溺是展现我的游泳能力和英雄气概的时候 G209 清楚河底多为鹅卵石，常年浸泡非常滑，水中行走一定要注意 G210 不会在人多的地方潜水 G211 监护人无力监护下水游泳 G212 知道在岸边不要贸然推人入水 G213 知道在河流或者溪流中玩耍谨防暴雨后的洪水	G214 别人能做到的我一定能做到 G215 不在脏和浑浊的水域游泳 G216 父母认为，小的时候没有必要学游泳，长大了在学校里自然就学会了 G217 父母认为去海边涉水很有趣，不会阻止 G218 父母支持溺水救人 G219 相信大学生的自我保护能力，放之任之 G220 会忽略危险，越是危险，就越想挑战 G221 学校的深水区泳池不超过1.5米，聘请多名学生兼职救生员，降低隐患 G222 知道在水中戏水最好不要把人压在水下不放，容易呛水 G223 在陌生的水域会观察他人游一会后再下水 G224 监护人允许钓鱼、划船等岸边活动，但禁止下水游泳 G225 了解在水中活动时，已感有寒意时，或将有抽筋现象时，应登岸休息 G226 家人会一同游泳，共享天伦之乐 G227 父母（监护人）不让我和他们（爱游泳的朋友）在一起玩 G228 在固定的游泳池办有会员卡 G229 每次游深水和远距离都会提醒每个人带一个跟屁虫（救生浮球）

在得到229条初步概念化语句后，下一个环节是开放式编码的概念化和范畴化，在范畴化过程中，尽量使每一个概念达到饱和状态，用抽象的范畴包含所有的概念，具体见表2-4：

表2-4   229条初步概念化语句概念化、范畴化的结果表

语句代码	概念化名称（开放式编码）	范畴化	主范畴
G3、G98、G152、G6、G127、G142、G36、G102、G91	自救漂浮能力	自救能力	安全技能
G114、G37、G139	自救求救能力		
G65、G67、G68、G69、G70	抽筋自救能力		
G163、G7、G80	特殊情况自救		
G94	被救身体控制		
G164、G101、G38、G79、G8、G187	救溺解脱能力（水中）	救溺能力（水中）	
G204	救溺拖带能力（水中）		
G39、G9、G165	体能	体能	
G140、G10、G166、G11	性别溺水差异	他人溺水经历	溺水经历
G40	自身溺水经历	自身溺水经历	
G1、G2	泳前热身知识	安全基础知识	安全知识
G115、G128、G167、G41、G81、G141、G205、G13、G95、G71、G206、G100、G188、G12	游泳禁忌知识		
G66、G212、G90、G222、G225、G43	意外防溺知识		
G213、G92、G209、G136、G84、G83、G14、G78、G151、G103	环境判断知识		
G97、G72	游泳着装知识		
G73、G15	救溺呼救能力（岸边）	救溺能力（岸边）	
G42、G189	救溺判断能力（岸边）		
G16、G168、G93	救溺施救能力（岸边）		
G74	急救判断能力	急救能力	
G44、G116、G17、G169、G129、G190	急救施救能力		

续表

语句代码	概念化名称 （开放式编码）	范畴化	主范畴
G4、G117、G45、G75、G170、G18、G96、G191	环境知识经验	知识经验	风险感知
G207	救溺知识经验		
G171、G76、G19、G82、G192、G46	人格特征	人格特征	
G118、G47、G104	忽略自身风险	风险性质	
G20、G130、G172	忽略他人风险		
G173、G21、G77、G48	环境风险可控	风险可控程度	
G193、G99	风险应对可控		
G22、G194、G174、G49、G105	体验寻求	体验寻求	感觉寻求
G23、G131、G150、G143、G50、G214	冒险尝试	冒险寻求	
G208	救溺冒险		
G24、G153、G175、G51、G195	他人替代性经验	替代性经验	过度自信
G154、G25、G106、G176、G52	自我亲身体验	自我体验	
G155、G177、G26、G53、G196	情绪和生理唤起	情绪和生理唤起	
G5、G107、G54、G215	各级制度遵守	抵制冒险	
G119、G156、G27、G178、G55、G144、G210、G197、G137、G180、G223、G132	游泳知识遵守		
G28、G147、G145、G133、G211、G224	父母禁止	父母水域态度	父母行为控制
G157、G56、G179、G108、G57、G198、G216	父母赞同但限制		
G120、G217、G226、G218	父母支持		
G58、G158、G109、G199、G227、G85、G135、G228	父母控制	父母水域控制	
G181、G29、G149、G219	监护无力		
G59、G30、G121、G138、G110、G86、G182	同伴危险态度	同伴水域态度	不良同伴
G159、G146、G200	同伴积极态度		
G60、G122、G134、G111、G148、G220	同伴危险控制	同伴水域控制	
G160、G183、G31、G124、G201、G125、G229	同伴积极保护		
G123、G61、G32、G161	学校安全规定	学校安全规定	学校安全教育
G184、G87、G62、G112、G33、G202、G221	学校安全控制	学校安全控制	
G162、G63、G185、G113、G34、G203	地缘环境	地缘环境	涉水水域环境
G186、G126、G35、G64、G89、G88	水域风险标识	水域风险标识	

从表 2-4 我们可以发现 229 个初步概念化语句抽象出 48 条概念，16 个范畴和 10 个主范畴。其中自救漂浮能力、自救求救能力、抽筋自救能力、特殊情况自救、被救身体控制、救溺解脱能力（水中）、救溺拖带能力（水中）、体能 8 条概念，构成自救能力、救溺能力（水中）、体能 3 个范畴，形成安全技能这一主范畴；同理，通过不断的比较、归纳与凝练，最终形成了包括安全知识、安全技能、风险感知、溺水经历、过度自信、感觉寻求、父母行为控制、不良同伴、学校安全教育、涉水水域环境 10 个主范畴。

二 主轴编码

主轴编码是指通过运用因果条件——现象——脉络——中介条件——行动/互动策略——结果这一典范模型，将开放式编码中得出的各项范畴联结在一起的过程。因此，通过不同范畴之间的相互关系和逻辑顺序得到影响学生高危行为的两个关键范畴，分别是个体因素和环境因素（见表 2-5）。

表 2-5　　　　　　　　主轴编码结果及其关系联结表

主轴编码（结构维度）	范畴化	范畴关系联结
个体因素	安全技能、安全知识、溺水经历、风险感知、感觉寻求、过度自信	学生个体具备的水域知识、技能、人格是决定其进行水域高危行为的内在因素
环境因素	父母行为控制、不良同伴、学校安全教育、涉水水域环境	学生周围环境的态度、约束和控制是影响其进行水域高危行为的外在因素

三 选择性编码

选择性编码的目的是选择核心范畴，将它系统地和其他范畴建立联系，形成具有逻辑关系的故事链，并进一步审视逐步形成的理论模型与各个子范畴的相关程度，遵循"理论饱和"的原则，形成最终的模型图

(见图 2-2)。

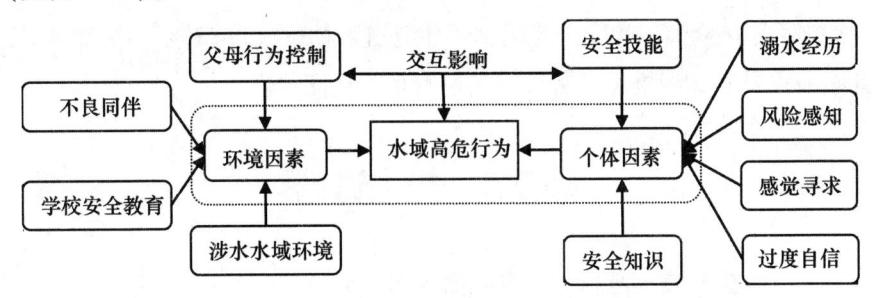

图 2-2　学生水域高危行为的影响因素模型图

学生水域高危行为的影响因素从宏观上集中为两个大范畴，在微观上集中为 10 个主范畴，其中个人因素包含 6 个子范畴，环境因素包含 4 个子范畴。同时，在访谈资料的整理中发现，环境因素与个体因素也并不只是孤立地影响水域高危行为，而是复杂地、交互地综合影响。由于此模型较为抽象复杂，而其中各个子范畴在访谈中被提及的概率并不相同，间接反映出影响学生水域高危行为的各个因素关键程度不一样，因此，对选择性编码后的结果进行频次统计分析，并通过频次排序来判断各类范畴的重要性，详细结果见表 2-6：

表 2-6　学生水域高危行为影响因素 1、2 级维度重要性排序表

1 级维度	2 级维度	频次	百分比	排序
个体因素	安全知识	86	27.4	1
	安全技能	73	23.2	2
	风险感知	33	10.5	4
	溺水经历	16	5.1	6
	感觉寻求	10	3.2	8
	过度自信	13	4.1	7
环境因素	父母行为控制	43	13.7	3
	不良同伴	23	7.3	5
	学校安全教育	8	2.5	10
	涉水水域环境	9	2.9	9

通过表 3-6 可知，个体因素总频次为 231 次，占 73.6%，其中最重要的 2 级维度是安全知识和安全技能；而环境因素总频数为 83 次，占 26.4%，其中最重要的 2 级维度是父母行为控制和不良同伴。

第四节 相关讨论

一 学生水域高危行为的影响因素结构分析

在学生水域高危行为的访谈过程中高频率地出现了安全知识、安全技能、风险感知、父母行为控制等关键维度，印证了前人的研究发现，但又与他们的研究存在明显的不同。已有研究采用调查统计、试验等方法论证学生水域高危行为与其中个别维度之间的关系，而基于"扎根理论"的方法进行研究发现，学生水域高危行为并不只受个体因素的影响，而是受个体因素和环境因素两大范畴，以及两大范畴中 10 个主范畴交互作用的影响，更加全面地探究了学生水域高危行为的影响因素。

个体因素方面，安全技能作为外显技能直接关系到学生水域安全能力的强弱，其 73 的频次，23.2% 的比重印证了之前研究一致认同的提高游泳能力是减少溺水的最有效的策略的观点；而个体因素的安全知识作为内隐知识，其 86 的频次，27.4% 的比重反映了安全知识比安全技能更加重要，间接暴露出当前水域安全培训的不足；然而个体因素的风险感知、溺水经历、感觉寻求、过度自信均是个体水域高危行为的调节或中介变量，这些因素的强弱，关系到防止水域高危行为的水平高低。劳伦 (Lauren) 等通过试验证实了合理的水域安全教育能显著影响学生的安全知识、技能和风险感知，有效规避水域高危行为，这也验证了学生水域高危行为的影响因素模型的合理性。环境因素方面，父母行为控制、不良同伴强调了父母监护、同伴影响的重要性，现实溺水案例中，往往农村学生、留守儿童等群体溺水率会更高；学校安全教育强调了学校教育的重要性，而当下学校安全教育往往回避水域安全教育；涉水水域环境强调社会责任，可是很多野外水域都缺乏安全标示和相应警示，这些环境因素的影响间接促使学生水域高危行为的发生。

二 学生水域高危行为预防干预的必要性与可能性

（一）学生水域高危行为的影响因素模型厘清了预防干预的必要性。在访谈过程中，溺水经历者、救溺经历者、救生员及游泳教师都常常将水域高危行为与失控、没想到等关联，这也进一步解释了高危行为与危险发生的关系。由此可见，水域高危行为作为威胁人类健康的内隐或外显因素，在人们亲近水域的过程中，保护与危险的平衡被打破，最终导致危险发生，这一过程和学生的水域综合能力是相关的。因此，学生水域高危行为的影响因素模型的研究有利于肃清家庭与学校教育中的部分禁止接触水域、远离水域等教育思想，积极提高学生的水域综合能力。

（二）学生水域高危行为影响的因素模型提供了预防干预的可能性。学生水域高危行为的影响因素模型为预防与干预提供了方向：安全知识、安全技能正是目前水域安全教育较为先进的国家和地区的水域技能培训的主要内容；风险感知、感觉寻求、溺水经历、过度自信等因素属于水域安全心理辅导及安全教育课外读物的关键知识；父母行为控制、不良同伴、学校安全教育、涉水水域环境等将是政府及社会各界力量未来努力干预的方向。由此，学生水域高危行为的影响因素模型为如何有针对性地提高学生在水域安全中的自我保护与环境保护能力，积极克服或规避由于保护因素失衡而发生的危险事故提供理论支持和诊断方向。

第五节 研究结论与建议

一 结论

（一）学生水域高危行为受个体因素和环境因素两大范畴的影响，个体因素包括安全技能、安全知识、溺水经历、风险感知、感觉寻求、过度自信6个主范畴；环境因素包括父母行为控制、不良同伴、学校安全教育、涉水水域环境4个主范畴。

（二）个体因素对学生水域高危行为影响最大，其中安全知识居首、安全技能次之，是学生水域高危行为发生的内因；环境因素对学生水域高危行为影响亦不容忽视，其中父母行为控制影响最大，不良同伴影响次之，是学生水域高危行为发生的外因。因此，在学生水域高危行为的预防与干预中，需优先关注学生安全知识、安全技能的培养，同时不可缺少对父母的宣传教育和同伴的科学引导。

二　建议

本书通过质性研究揭示了学生水域高危行为的影响因素理论模型，为进一步深入水域安全的研究提供了理论基础，未来研究可从三个方面开展。

（一）探索学生水域高危行为的影响因素中两个范畴交互影响的机制。由于环境因素和个体因素中诸多因素是交互影响的，理应是一个庞大的因果联结系统，这里用简单的模型图表示略显肤浅，因此，进一步开展定性与定量方法结合的研究，有助于更深入地探讨其内在机制。

（二）如何完善现行的水域安全教育模式？目前的游泳教育现状如何，效果如何都是人们关注的，现行的水域安全教育模式是否能有针对性地干预学生的个体因素和环境因素？如果还不是很完善，则其将是未来研究的突破口。

（三）个体因素与环境因素教育相结合的综合干预模式的探索。数年来，无论是家庭还是学校都在加强水域安全的教育，有的甚至明令禁止学生接触水域，且不论干预效果好不好，在很大程度上甚至违背了干预理念。如何制定合理的综合干预模式，是未来亟须的。

第三章

大学生水域安全教育的现状调查

第一节 问题的提出

在中国，溺水已成为青少年生命健康第二大杀手，但80%的溺水事故是可以通过教育和预防避免的（张昕，2006）。2016年4月，教育部部长袁贵仁强调，安全是学校头等要紧的大事，没有安全，教育改革发展无从谈起，学生成长成才也无从谈起。至此，水域安全教育在学校教育中提升到前所未有的高度。

尽管国内学界发现了大学生的水域安全基础参差不齐（刘桂芝，2006；盖丽静、乔凌华，2015），也关注了水域安全知识、技能教学内容和教学教法的实验与改革（丛宁丽，蒋徐万，2000；朱笛、邢荣颖，2004；丁士良、聂亚峰，2005；龙明，2011；岳新坡、李文静，2012），更提出需要分层进行教学（黄志坚、方红兵，2009；于春艳，2015），但大学生水域安全知识、安全技能掌握的水平到底如何？水域安全态度、水域高危行为到底处于什么样的状态？已有研究缺乏对大学生水域安全教育的整体性调研，无法提供有说服力的分层教学依据。基于此，本书选取具代表性的湖北省（水域类型丰富、溺水事故频发、重大案件突出）大学生为调查对象，展开调查分析。旨在揭示大学生水域安全教育的现状，为大学生水域安全分层教育模式的构建提供依据。

第二节 研究方法

一 研究程序

参考环境与地理科学中对湿地类型（湿地分为：河流、湖泊、沼泽、浅海及海岸、人工湿地，湖北省高等学校主要临近河流、湖泊、人工湿地）的分类，在每种较为典型的湿地类型中随机选取4所高等学校，河流（长江大学、三峡大学、湖北民族学院、湖北工程学院），湖泊（湖北大学、中国地质大学、武汉大学、中南民族大学），人工湿地（湖北经济学院、荆楚理工学院、武汉交通职业技术学院、湖北医药学院），既涉及了各级各类高等学校，也基本涵盖了全省地域范围，并在每所高校的所有专业中随机（首先联系学校教务部门，在学生花名册系统中随机抽取学生姓名，然后通知被抽取学生集中到某一教室填答）抽取200名大学生作为调查对象。问卷采用匿名填答方式以保证调查结果的真实性，现场发放问卷并回收。本次调查共计发放问卷2400份，回收2364份，剔除无效问卷获得有效问卷2307份，有效回收率96.13%，对其进行数据统计。

二 研究工具

采用《学生水域安全知信行量表》（夏文等，2014），包括水域安全知识9题，有关水域安全技能、水域安全态度、水域安全行为各10题，采用Likert5点计分法，其中，水域安全知识和水域安全技能属于正向陈述，得分越高，表示水域安全知识、技能得分越高；水域安全态度采用反问句法，得分越高，表示水域安全态度越差；水域高危行为得分越高，表示高危行为发生率越高。以上均为成熟量表，具有较高的信度和效度，其Cronbach'sα系数分别达到0.943、0.964、0.913、0.943。

三 数据采集

调查采用随机抽测、即时填答、当场回收的方式进行，调研前调研人员集中培训，保证所有的调研人员对调查内容、操作程序充分了解，并能自如应答被试者的疑问；在填答前简要讲解溺水的定义和标准，使被试者有短暂的溺水经历回忆；在填答问卷过程中，调查人员告知被试者，调查结果将完全保密，调查的内容不针对任何个人，仅用于总体分析与研究。问卷采用匿名填答方式以保证调查结果的真实性，现场发放问卷并回收，以提高有效回收率。

四 数据分析

运用SPSS20.0软件对数据进行频次统计、描述分析、方差分析、相关与回归分析等。

第三节 研究结果与分析

一 大学生水域活动的总体特征分析

（一）被试者的基本信息

被试者的基本信息见表3-1，均为湖北省大学一年级至四年级的高校大学生，共2307人，其中男学生1034人，女学生1273人；被试者年龄在17至26岁；居住地为城市的大学生1121人，占整体的48.6%，居住地为农村的大学生1186人，占整体的51.4%；被试者的随机抽取涵盖了湖北省典型的湿地类型，其中学校所在地湖泊丰富的大学生达722人，学校所在地河流丰富的大学生达786人，学校所在地人工湿地丰富的大学生达799人。

表3-1　　　　　　　　被试者基本信息表

项目	属性	人数	百分比（%）
性别	男	1034	44.8
	女	1273	55.2
年龄	17	3	0.1
	18	207	9.0
	19	564	24.4
	20	727	31.5
	12	434	18.8

续表

项目	属性	人数	百分比（%）
年龄	22	241	10.4
	23	100	4.3
	24	29	1.3
	25	1	—
	26	1	—
城乡	城市	1121	48.6
	农村	1186	51.4
湿地分类	湖泊	722	31.3
	河流	786	34.1
	人工湿地	799	34.6
年级	大学一年级	1134	49.2
	大学二年级	875	37.9
	大学三年级	234	10.1
	大学四年级	64	2.8

（二）大学生水域活动的信息

参照表3-2的调查结果可以发现，湖北省大学生的水域活动依次排序为钓鱼、游泳、划船、其他、潜水、冲浪，其中钓鱼、游泳、划船活动的参与度均超过了50.0%；5—8月份，水域活动比例达到83.1%，9—11月份，水域活动比例达到75.3%，其中又以下午52.3%和中午27.5%居多，而星期六和星期日的水域活动比例分别为57.0%和42.6%；活动的地点依次排序为游泳池、小河、池塘、湖泊、其他、江边（海边）。

表3-2　　　　　　　　大学生水域活动特征表

项目	属性	人数	百分比（%）
活动内容	游泳	1222	53.0
	钓鱼	1316	57.0
	划船	1164	50.5
	潜水	314	13.6
	冲浪	303	13.1
	其他	325	14.1

续表

项目	属性	人数	百分比（%）
活动时间	上午	257	11.1
	中午	635	27.5
	下午	1207	52.3
	晚上	361	15.6
活动月份	12—2月份	341	14.8
	3—4月份	512	22.2
	5—8月份	1918	83.1
	9—11月份	1737	75.3
活动时间	星期一	124	5.4
	星期二	120	5.2
	星期三	170	7.4
	星期四	151	6.5
	星期五	260	11.3
	星期六	1315	57.0
	星期日	983	42.6
活动地点	游泳池	1139	49.4
	江边（海边）	261	11.3
	小河	791	34.3
	池塘	370	16.0
	湖泊	299	13.0
	其他	277	12.0

（三）大学生溺水事故的发生率

在对大学生的溺水经历和身边人的溺水经历的调查统计中（见表3-3所示），身边有同学、同伴溺水的大学生达1298人，占总数的56.3%；父母及其他长辈有溺水经历的大学生达273人，占总数的11.9%；自己具有溺水经历者有229人，占9.9%，而兄妹、老师有溺水经历的大学生也占一定的比例，他细查看问卷发现，诸多大学生多项勾选。

表3-3　　　　　　　　被试者溺水或身边人溺水信息表

	类别	频次	百分比（%）
溺水人群	自己	229	9.9
	父母及其他长辈	273	11.9
	老师	95	4.1
	兄妹	165	7.2
	同学、同伴	1298	56.3

二　大学生水域安全教育实施的特征分析

（一）大学生水域安全教育的形式分析

对大学生水域安全教育的整体情况进行的统计显示：占总体77.4%的1785名大学生在大学期间没有上过游泳课，甚至占比26.1%的大学生所在学校没有游泳池（包括有游泳池但不投入使用）；有占比49.8%的大学生认为其所在学校进行了水域安全知识的宣传教育，而占比50.2%的大学生表示其所在学校没有或者不确定其中内容是否为水域安全知识教育；占总体56.3%的1299名大学生所在学校禁止在开放水域游泳；学生获得水域安全知识的主要途径依次是父母、电脑网站、广播电视和报刊书籍等，只有占比7.2%的大学生不希望开设游泳课（见表3-4）。

表3-4　　　　　　　　大学生水域安全教育的形式调查表

项目	属性	人数	百分比（%）
游泳池	有	1706	73.9
	无	601	26.1
游泳课（大学期间）	上过	522	22.6
	未上过	1785	77.4
进行水域安全知识宣传	从未如此	266	11.5
	很少如此	429	18.6
	不确定	464	20.1
	有时如此	715	31.0
	总是如此	433	18.8

续表

项目	属性	人数	百分比（%）
学校禁止在开放水域游泳	从未如此	111	4.8
	很少如此	138	6.0
	不确定	399	17.3
	有时如此	360	15.6
	总是如此	1299	56.3
获得水域安全教育的途径	老师（非游泳老师）	1535	66.5
	父母	1286	55.7
	同学	795	34.5
	校外讲座	702	30.4
	广播电视	1291	56.0
	报刊书籍	1239	53.7
	电脑网站	1299	56.3
	游泳老师、教练	382	16.6
希望开设水域安全教育课程吗	希望	1529	66.3
	无所谓	554	24.0
	不希望	165	7.2

（二）大学生水域安全教育的课程内容分析

对大学生水域安全教育课程的调查显示：明确学校发放过水域安全读本（含游泳教材）的有198人，仅占8.6%，而73.8%的大学生不清楚是否有水域安全读本或者游泳教材。细致分析游泳技能、自救技能和救溺技能的教学内容发现（调查统计的对象不包含未上过游泳课的学生），蛙泳、自由泳是游泳技能教学的主要内容；韵律呼吸和水中漂浮是自救技能的主要内容，偶有涉及抽筋自解的技能教学；而岸上救援是救溺技能教学的主要内容，但比例仅占5.9%，其他救援比例更低（具体数据见表3-5）。

表3-5　　　　　　　大学生水域安全教育的课程内容调查表

项目	属性	人数	百分比（%）
发放水域安全读本（含游泳教材）	无	407	17.6
	不清楚	1702	73.8
	有	198	8.6
游泳技能	蛙泳	552	23.9
	自由泳	321	13.9
	仰泳	109	4.7
	其他泳姿	27	1.2
自救技能	韵律呼吸	552	23.9
	水中漂浮	552	23.9
	抽筋自解	253	11.0
	踩水	37	1.6
	浮具制作	23	1.0
救溺技能	岸上救援	137	5.9
	水中施救	65	2.8
	心肺复苏	18	0.8
	损伤急救	22	1.0

基于以上大学生水域活动的基本特征、水域安全教育形式内容的基本特征，可进一步分析在此教学背景下大学生水域安全知识、水域安全技能、水域安全态度和水域高危行为的水平值。

三　大学生水域安全知识与技能的特征分析

（一）大学生水域安全技能的特征

从图3-1可以看出，完全不会游泳的大学生占73.6%（以下称A类大学生），认为自己会游泳（能连续游25米以上）的大学生占26.4%，其中占比11.8%的大学生具备了通过游泳课考核的能力（以下称C类大学生）；而占比14.6%的大学生只掌握了个别游泳技能，还不具备通过游泳课考核的能力（以下称B类大学生）。

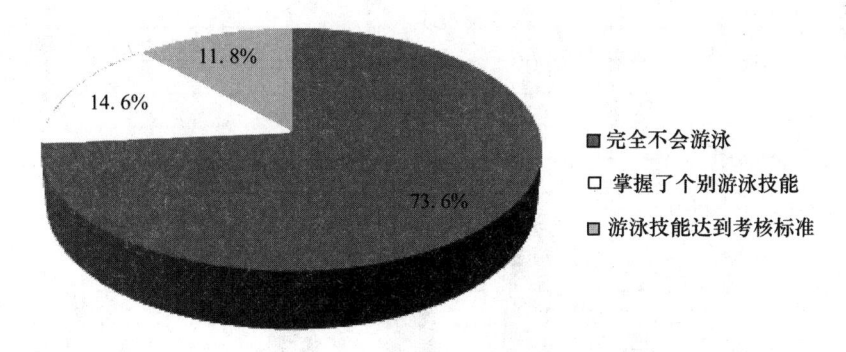

图3-1 大学生水域安全技能的基础特征图

1. A类大学生自救技能、救溺技能的特征

由图3-2可以看出，A类大学生不具备自救技能和救溺技能，图4-2有78.9%的大学生选择了不熟悉和非常不熟悉。

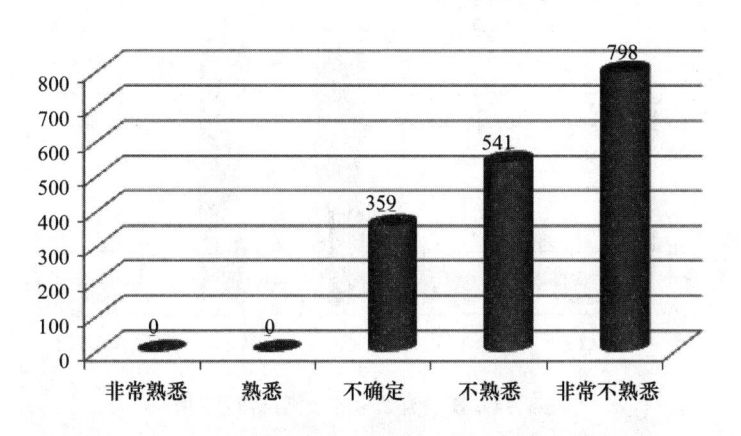

图3-2 A类大学生的自救技能、救溺技能基础图

2. B类大学生自救技能、救溺技能的特征

由图3-3可以看出，B类大学生认为具备了自救技能的有96人，但71.5%的B类大学生并不认为自己具备自救技能，尤其是在漂浮技术、踩水技术、水中换气、水中脱衣、韵律呼吸等技能上得分较低；而图3-4显示，有95.8%的B类大学生认为自己并不具备救溺技能，且14位选择熟悉和非常熟悉的大学生均勾选的是岸上救援技能。

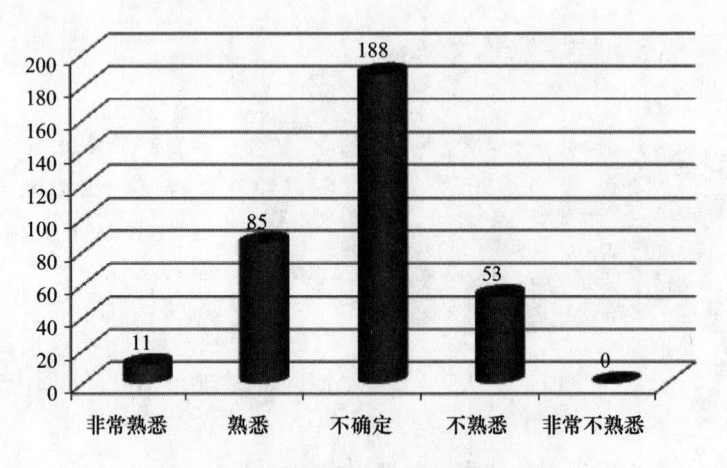

图 3-3　B 类大学生的自救技能基础图

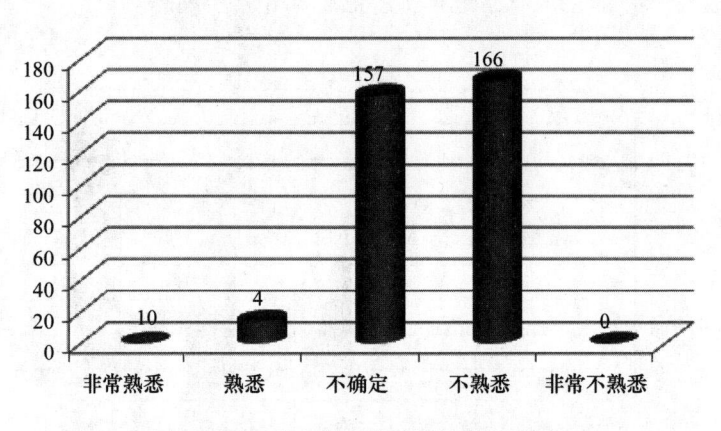

图 3-4　B 类大学生的救溺技能基础图

3. C 类大学生的自救技能、救溺技能基础

由图 3-5、3-6 可以看出，C 类 256 名大学生认为自己具备了自救技能，占 94.1%；但对于救溺技能，只有 49 人选择了熟悉或者非常熟悉，82.0% 的 C 类学生不认为自己具备了救溺技能。

在对大学生水域安全技能的统计中，各项均值都没有超过 2.2，即大学生对水域安全技能介于不确定到不熟悉之间，甚至对个别项目非常不熟悉。水中漂浮、韵律呼吸、踩水技术、水中换气等自救技能在 A 类大学生中普遍无人掌握，B类大学生有少数人掌握，C类大学生绝大多数均已掌握；而救溺技能不仅在A类大学生中无人掌握，在B、C两类大学生中掌握者也是极少数。

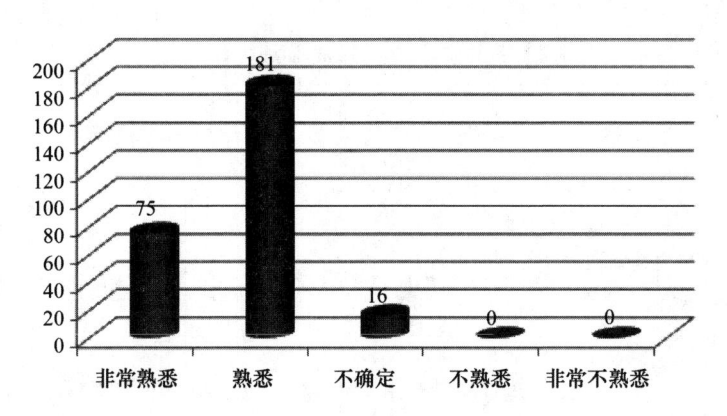

图3-5　C类大学生自救技能基础图

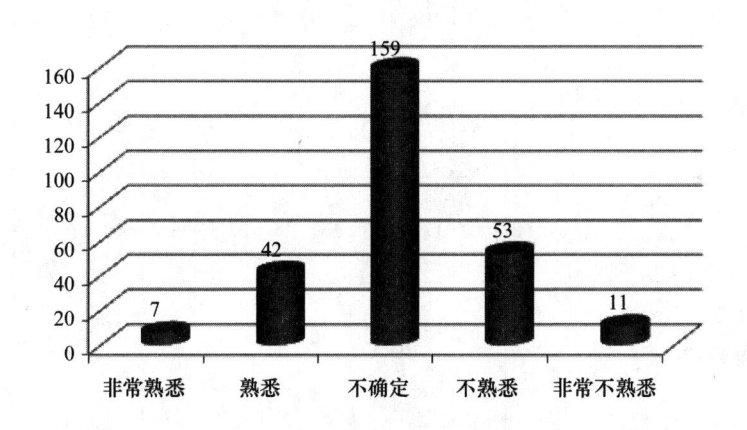

图3-6　C类大学生救溺技能基础图

（二）大学生水域安全知识的特征

首先，在对大学生水域安全知识描述统计中，各项均值介于2.68—3.04，只有27.00%的大学生认为自己熟悉或者非常熟悉各项安全知识，绝大多数学生不确定和非常不熟悉，进一步分析：而"你知道游泳疲劳时采取什么休息姿势最安全"是大学生最不熟悉的知识条目，超过77.7%的大学生不熟悉或者不确定；其次，"你知道溺水时采取哪种求救方法最有效吗""你了解水中自救的方法吗"等均值较低,而"正确使用救生衣、救生圈"和"发现他人落水时的正确做法"虽然是大学生最熟悉的水域安全知识,但整体均值依然不高(见表3-6)。

表3-6　　　　　　大学生水域安全知识的描述统计表

项目	均值	标准差	非常不熟悉 N	非常不熟悉 %	不熟悉 N	不熟悉 %	不确定 N	不确定 %	熟悉 N	熟悉 %	非常熟悉 N	非常熟悉 %
你知道水域安全知识的内容吗	2.92	1.07	215	9.3	595	25.8	820	35.5	509	22.1	168	7.3
你知道救助落水者的常用方法吗	2.93	1.00	181	7.8	598	25.9	840	36.4	582	25.2	106	4.6
你了解水中自救的方法吗	2.82	1.04	219	9.5	699	30.3	796	34.5	467	20.2	126	5.5
你知道心肺复苏的方法吗	2.93	1.07	219	9.5	616	26.7	719	31.2	622	27.0	131	5.7
你了解常见的水域安全标志吗	2.98	1.03	179	7.8	567	24.6	816	35.4	609	26.4	136	5.9
你知道发现他人落水时的正确做法吗	3.01	1.01	156	6.8	558	24.2	845	36.6	610	26.4	138	6.0
你知道如何正确使用救生衣、救生圈吗	3.04	1.06	175	7.6	556	24.1	740	32.1	670	29.0	166	7.2
你知道溺水时采取哪种求救方法最有效吗	2.81	1.04	246	10.7	642	27.8	849	36.8	440	19.1	130	5.6
你知道游泳疲劳时采取什么休息姿势最安全	2.68	1.10	351	15.2	685	29.7	757	32.8	365	15.8	147	6.4

四 不同性别的大学生的水域安全态度及水域高危行为的特征分析

(一) 不同性别的大学生对水域安全的态度方面存在的差异

如表3-7所示，不同性别的大学生，在水域安全态度上存在显著差异。如"B1 下水游泳前，不用考虑水域是否存在安全隐患"（F = 27.801，P < 0.001），男大学生均值（M = 1.579）大于女大学生均值（M = 1.365）；"B4 对同伴溺水，最好的办法是赶紧跳下水去救助"（F = 20.049，P < 0.001），男大学生均值（M = 1.804）大于女大学生均值（M = 1.642）。而男女在对三个条目的态度上差异不显著，如"B2 擅长游泳的人就一定不会溺水"（F = 2.635，P = 0.105），男大学生均值（M = 1.581）大于女大学生均值（M = 1.509）；"B8 只要不下水，即使在水边玩水也没有危险"（F = 1.114，P = 0.291），男大学生均值（M = 1.907）大于女大学生均值（M = 1.865）；"B10 穿着衣服游泳也很安全"（F = 2.327，P = 0.127），男大学生均值（M = 1.807）大于女大学生均值（M = 1.701）。水域安全知识、水域安全技能与水域安全态度紧密相关，正是由于知识和技能掌握情况较差，大学生水域安全态度的均数水平值极低，往往赞同或者比较赞同一些水域易犯的常识性错误，如"在游泳池的浅水区就不会溺水""只要不下水，在水边玩水没有危险""同伴溺水，最好的办法是赶紧跳下水去救助"等。

表3-7 不同性别大学生的水域安全态度方差分析结果表

因变量	均值M 男	均值M 女	均方	F值	P值
B1 下水游泳前，不用考虑水域是否存在安全隐患	1.579	1.365	26.328	27.801	0.000
B2 擅长游泳的人就一定不会溺水	1.581	1.509	2.975	2.635	0.105
B3 在江河中游泳不会有危险	1.489	1.363	9.109	14.210	0.000
B4 同伴溺水，最好的办法是赶紧跳下水去救助	1.804	1.642	14.811	20.049	0.000

续表

因变量	均值 M 男	均值 M 女	均方	F 值	P 值
B5 在游泳池的浅水区就一定不会溺水	1.898	1.771	8.195	8.670	0.003
B6 和会游泳的同学去游泳，没有大人在也没关系	1.937	1.700	33.612	38.525	0.000
B7 只要穿了救生衣去游泳就一定很安全	1.901	1.800	6.761	7.967	0.005
B8 只要不下水，在水边玩水没有危险	1.907	1.865	1.010	1.114	0.291
B9 在冰上行走是一件很安全的事情	1.728	1.586	17.661	9.392	0.002
B10 穿着衣服游泳也很安全	1.807	1.701	6.395	2.327	0.127

（二）不同性别的大学生水域高危行为的差异分析

如表3-8所示，男女之间在水域高危行为的所有条目上均存在显著差异。如"C1 在没有大人的陪同下游泳"（F=154.901，P<0.010），男大学生均值（M=2.571）大于女大学生均值（M=1.914）；"C2 在没有设置安全保障的野外水域游泳"（F=215.503，P<0.010）；男大学生均值（M=2.104）大于女大学生均值（M=1.501）；"在游泳时和同伴打闹""私自去水边玩耍""在天气情况极差时下水游泳""在不知深浅的水域跳水""在存在卫生隐患的水域游泳""在水草较多的水域游泳""生病时仍去游泳""游泳时间很长了，已疲倦还不想上岸"均是大学生时常如此的行为，且男大学生均值显著高于女大学生均值。

表3-8　　不同性别大学生水域高危行为方差分析结果表

因变量	均值 M 男	均值 M 女	均方	F 值	P 值
C1 在没有大人的陪同下游泳	2.571	1.914	247.015	154.901	0.000
C2 在没有设置安全保障的野外水域游泳	2.104	1.501	207.647	215.503	0.000
C3 在天气情况极差时下水游泳	1.763	1.338	103.571	140.151	0.000
C4 在不知深浅的水域跳水	1.735	1.340	89.836	114.647	0.000
C5 私自去水边玩耍	2.150	1.708	90.079	84.801	0.000

续表

因变量	均值 M 男	均值 M 女	均方	F 值	P 值
C6 在游泳时和同伴打闹	2.291	1.761	152.775	137.224	0.000
C7 在存在卫生隐患的水域游泳	1.804	1.408	93.047	119.910	0.000
C8 在水草较多的水域游泳	1.732	1.381	70.656	95.983	0.000
C9 游泳时间很长了，已疲倦还不想上岸	1.772	1.436	63.730	77.830	0.000
C10 生病时仍去游泳	1.719	1.375	52.676	61.141	0.000

第四节　相关讨论

一　大学生水域活动的总体情况

调查显示（见表3-2，第58—59页），5—11月份，尤其是周末的中午和下午，在游泳池、小河、池塘、湖泊等水域，大学生常进行钓鱼、游泳、划船等水域活动。回顾媒体报道，天气渐热，周末和暑假是学生溺水频发的时间段，而事故发生的起因往往是游泳、戏水或者不慎落水等。据统计，身边有同学、同伴溺水的大学生达1298人，占总数的56.3%，自己具有溺水经历者有229人，占9.9%，而其父母及其他长辈、兄妹、老师均有一定比例的溺水率。因此，大学生水域活动的特征显著，时间、水域地点、活动内容在干预和防范中需要重点关注。如"天气变热、预防溺水""暑期是学生溺水的高峰期""危险水域，请勿戏水"等宣传标语值得推广。

二　大学生水域安全教育实施的形式与内容

"工欲善其事，必先利其器"。在教育部颁布的《普通高等学校体育场馆设施配备目录》中规定：游泳馆（池）是体育场馆的基本配备。而调查中依然有占比26.1%的大学生所在学校没有游泳池（包括有游泳池但不投入使用的）。更令人意想不到的是：有77.4%的大学生在大学期间没有上过游泳课。一方面我们归因于游泳教学设施条件的制约，如游泳馆（池）的匮乏，室外游泳池的使用受限于天气的影响（每年游泳室外教学集中在5—10月份，但梅雨季节和暴晒天气往往影响教学）等；另一方面不难看出高校不重视游泳教学。在调研中还发现，有的高校在游泳教学中曾经发生过溺水甚至溺亡事件，便在其后的教学中以各种理由取消游泳教学的开展。甚至有56.3%的高校禁止大学生在开放水域游泳，以避免风险。而学生获得水域安全知识的主要途径还是父母、电脑网站、广播电视、报刊书籍等，说明高等学校对于水域安全知识的宣导还远远不够，但作为一项实用的救生技能和体育锻炼技能，只有7.2%的学生不希望开设水域安全教育课程，绝大多数学生对水域安全教学表示渴望。

三 大学生水域安全教育课程与考核体系

明确学校发放过水域安全读本（含游泳教材）的大学生仅占8.6%，而73.8%的大学生不清楚是否有水域安全读本或者游泳教材，反映出当下高等学校水域安全教育课程内容上的缺失。结合调研访谈，大部分学生能肯定学校发放过大学体育的教材，但基本上都不能确定该教材里是否有水域安全教育的知识章节，再次说明，即使学生上了游泳技能课程，但对于知识的传授可能仅仅局限于口授，甚至被忽略。

首先，蛙泳、自由泳是游泳技能教学的主要内容，仰泳和其他泳姿所占比例极少。造成该类现象的原因有两点。第一是因为游泳泳姿本身较为复杂，教学上有一定难度，加之课时的限制，教学内容只能局限在蛙泳和自由泳两个基本泳姿上。正如洪庆林等（2008）对山东5所高校学生游泳课学习的调查，有近1/3的学生在规定的游泳课时内并没有掌握正确的游泳技能，有的采用抬头蛙泳，有的采用蹬腿抬头爬泳，甚至有的学生根本就没有学会，连最基本的蛙泳蹬腿都没有掌握，游的距离不超过5米。第二是因为学生的游泳技能基础参差不齐，73.6%的大学生完全不会游泳，教学中要照顾绝大多数学生的进度，只能停留在蛙泳和自由泳两个基本泳姿上。刘艳丽、马湘君指出，教师参照固定的教学大纲，在游泳课堂上忽视学生的差异性，对讲解、示范和练习都采用"一刀切"的传统教学法，大大降低了学生学习的积极性（刘艳丽、马湘君，2010）。这也导致已经会蛙泳和自由泳两种泳姿的学生无法获得新的游泳技能教学。

其次，韵律呼吸和水中漂浮是自救技能的主要内容，偶有涉及抽筋自解的技能教学，而踩水和浮具制作等教学几乎没有。有研究指出，在当前的游泳实际教学中，教师对于突发情况的考虑并不周全，往往在教学中忽略了自救技能的教学（李松泰，2015），而此种情形一方面暴露出游泳教学内容的缺失；另一方面也凸显了教师安全教学理念的陈旧。自救技能是游泳技能最重要的补充，甚至在某种程度上超过了游泳技能本身，早在2000年，丛宁丽和蒋徐万就对比中、美、澳、英、日五国游泳教学内容，提出"安全游泳""自救游泳"是我国亟须更新的教学理念，应该首先教会学生自救自保的能力。

最后，岸上救援是救溺技能教学的主要内容，但比例仅占5.9%，水中施救、心肺复苏和损伤急救几乎没有涉及。换言之，救溺技能的教学已被忽视。造成此种局面的原因无外乎有两点。第一是因为课时局限、场地不够。鉴于游泳教学的复杂和难度，短时间的教学让绝大多数不会游泳的大学生全面掌握游泳技能、自救技能和救溺技能是不太现实的，这也是游泳教学内容难以全面展开的主要原因。第二是因为教学理念陈旧、课程结构不合理。有研究指出：有三项教学内容是国内游泳课欠缺的，一是自救游泳能力，如着装游泳漂浮、游动、脱衣等能力；二是救生能力，即具有救溺水者的能力；三是被他人救助时的配合自救游泳技术（丛宁丽、蒋徐万，2000）。直至今日，这三种能力依然无法在实际教学中得到实践。而26.4%具备蛙泳和自由泳基础的大学生只能反复练习这些泳姿，得不到自救和救溺技能上的提升。加拿大红十字会（2010）从保护人的生命和健康出发普及大众游泳，强调呼救、岸上施救、实地救溺属于不同等级的游泳能力和安全知识，而传统的游泳教学和安全知识宣导中并没有加以区分，也使得诸多大学生在安全知识缺乏的情况下采取了不恰当的施救措施，险酿甚至酿成了溺水悲剧。

四 大学生水域安全知识与水域安全技能的现状

2015年教育部在《致学生家长一封信》中明确指出，水域安全知识的传授是预防学生溺水的关键。中国各级部门和社会公益组织根据汉语习惯和知识类别，编制了"游泳十八忌"、游泳注意事项、"四不游""三佩戴"、安全常识、安全守则等，在安全标示、警告标示等知识普及和宣传上做了大量工作。但就调研情况来看，在大学生水域安全知识的统计中，各项均值介于2.68—3.04，即大学生对水域安全知识多为不熟悉或者不确定，大学生水域安全知识匮乏。

在大学生水域安全技能的统计中，各项均值都没有超过2.2，大学生对水域安全技能多为不确定或者不熟悉，甚至个别项目非常不熟悉。有73.6%的大学生完全不会游泳，更没有自救技能与救溺技能基础；14.6%的大学生只掌握了个别游泳技能，自救技能欠缺，救溺技能严重匮乏；11.8%的大学生具备了通过游泳课考核的能力，掌握了一定的自救技能，但救溺技能不足。具体而言：水中漂浮、韵律呼吸、踩水技术、水中换气等自救技能在大学生中没有被广泛掌握，而岸上施救、水中施救、心肺复苏和损伤急救等救溺技能更是极少大学生能够具备。游泳技能教学一直以来不仅被视为运动技能，更是一种生存教育。生存教育是教育的本真，生存技能最早是指人们为了在水中生存或者获取水中的食物而形成的求生的基本技能（李梅，2015），时至今日，游泳作为生存技能已不仅仅包含泳姿技能，更指向自救技能和救助他人溺水的技能。因此很多国家（美国、澳大利亚、加拿大、新西兰等水域安全教育发达国家）将游泳技能的教学扩展为水域安全技能教学，在技能层面上更多涉及自救与救生常识，包括韵律呼吸、踩水、仰漂、抽筋自解、徒手救援、岸上救援及直接救援和紧急救生等。国内研究者已经关注到自救和救生的重要性，甚至尝试了多种形式的生存技能教学，如着游泳练习等（朱笛、邢荣颖，2004），但仅仅停留在实验的层面，未能形成教学课程，展开教学实践。因此，就水域安全技能的调查结果，难免为大学生水域安全技能的现状而担忧。

五 大学生的水域安全态度与水域高危行为的现状

男女大学生在水域安全态度的部分条目上存在显著差异，如，安全隐患的感知、潜在风险的应对、他人溺水后的救助等；在水域高危行为所有条目上均存在显著差异，男性较女性大学生存在过度自信、感觉寻求、不良同伴等问题。如，杨功焕等（1997）通过调查中国人群的意外伤害水平和变化趋势发现，中国男性的死亡率远高于女性；陈天骄等（2007）对全国18个省市的溺水数据及其相关危险行为进行调查，证实了男性显著高于女性。正因为男女学生在风险感知、过度自信、感觉寻求、父母行为控制、不良同伴、学校安全教育等方面的不同，再加上男女学生人格上的先天差异，促使了男女大学生水域安全态度和水域高危行为的差异。国外研究解释为：男性天生好动，喜好冒险（Mccool, J. et al., 2008）；国内学者季成叶不仅赞同这一观点，还认为中国传统教育思想对女学生更为严格，家庭保护也更为严密（季成叶，2007）。笔者组认为，无论是男女先天生理、性格上的差异，还是后天教育、家庭保护上的区别，都是造成男女大学生水域高危行为差异的原因。

自古以来，人们对水的态度是既爱又怕，人们对水的喜爱程度和参与兴趣触发了更高概率的溺水风险。也正是因为溺水伤害的危害和溺水率的高发，无论是学校还是家庭均强调"保护"学生，尽量不让学生接触水域，才导致今天大部分大学生不会游泳的现状。然而这并不能有效地阻止溺水现象的发生，因为学校、家庭对学生的监督并不是时时刻刻的，而大学生水域安全教育课程内容的不足直接关系到大学生水域安全知识和技能的掌握，但问题的关键是，大学生已完全有了自己独立的意识和行为支配能力，他们对水的好奇和向往在没有水域安全知识和技能的保护下更容易促使水域高危行为的发生。

第五节　研究结论

一、大学生水域活动时间、水域地点、活动内容特征显著，且溺水经历普遍，在干预和防范中需要重点关注。

二、游泳场馆的建设与使用、游泳课程的开设率、水域安全知识的宣传和水域安全教育的途径等堪忧。

三、大学生水域安全教育课程内容不足。蛙泳、自由泳是游泳技能教学的主要内容，其他泳姿技能较少涉及；韵律呼吸和水中漂浮是自救技能的主要内容，踩水呼救、浮具制作等自救技能教学几乎没有；岸上救援是救溺技能教学的主要内容,但比例极低,水中施救、心肺复苏和损伤急救没有进入教学课程。

四、大学生水域安全知识匮乏、水域安全技能不足。

五、大学生在水域安全态度方面,性别差异显著,水域高危行为在性别差异上更为显著。

第四章

大学生水域安全分层教育模式的建构

第一节　问题的提出

如果溺水致死案例带给社会的是生命的终结、家庭的破碎、财富的损失和法律的纠纷，那么庞大的大学生溺水数据带给我们的思索是，事故因何发生，如何补救。调查显示：大学生溺水事故高发，是因为水域安全态度不端正和过分的水域高危行为，是因为大学生水域安全知识的匮乏和技能的不足，是因为大学生水域安全教育课程内容欠缺。究其根源，是源于现状堪忧的大学生水域安全教育。亲水和适应水域是人的基本生活技能，我们不能一味地逃避。安全管理网针对2014年上半年的学生溺水事故发表评论：为了减少类似悲剧的发生，毫无疑问，最简单直接的方法就是，家长和学校要告诫孩子不要去水边玩耍，更不能去野外游泳，但更重要的还是要对学生进行溺水后自救和救溺技能的安全知识教育。基于此，水域安全教育模式的完善显得至关重要，这也是未来研究的关键突破口。

通过文献梳理发现，大学生溺水一是因为自身游泳技能不佳，自救、自护能力欠缺；二是遭遇他人遇险时，救溺技能不足，方法选择不当。通过调查发现，大学生水域安全教育现状堪忧，尤其是水域安全教育模式亟待完善。为了减少悲剧的发生，政府陆续推出《国家突发公共事件总体应急预案》《应急管理科普宣教工作总体实施方案》《教育部教育系统突发公共事件应急预案》等文案，对学生安全教育工作首先提出了明确的法律要求；教育部办公厅于2012年紧急出台《教育部办公厅关于预防学生溺水事故切实做好学生安全工作的通知》，要求切实提高学生在水中遇到紧急情况的自救、自护能力，掌握恰当的救生方法；2013 年教育部再次发布《把防溺水教育落实到每一名学生》，强调水域安全知识教育的重要性，并重点指出不熟悉水性的学生不擅自下水施救，遇到同伴溺水时避免手拉手盲目施救，要学会智慧救援。至此，水域安全教育成为政府、学校、家庭和社会密切关注的安全素质教育问题。

虽然政府、社会、学校及家长众志成城，齐心协力共同预防，但效果甚微。究其原因，中国基层教育理念和教育方式囿于应试教育的束缚，再加上一些客观的限制，诸如城乡、地区之间在经济、社会发展、气候、生态等方面存在较大差异等，导致中国并未形成科学高效的学生水域安全教育模式。而现行的大学生水域安全教育课程内容结构过于陈旧，局限于游泳技能的教学，缺乏对水域安全知识、水域安全技能（自救和救溺技能）的整体性布置；且教学与考核标准"一刀切"，忽视了大学生水域安全教育的个体化需求，教学效果不佳。因此，亟须一个针对性强、覆盖面广、时效性强的大学生水域安全教育模式出现。

目前，水域安全教育模式已从游泳技能教育模式（Asher, K. N. et al., 1995；Liller, K. D. et al., 1993）发展为水域安全知识、水域安全技能混合教育模式（Brenner, R. A. et al., 2003；夏文等, 2013），教学理念逐渐从早期的"学会游泳技能就能预防溺水"（Erbaugh, S. J., 1986）发展到"水域安全知识和水域安全技能是水域安全教育不可或缺的两个部分"（夏文, 2012），水域安全技能已不再局限于游泳技能，还涵盖了自救技能和救溺技能（张辉等, 2016）。尽管政府出台文件呼吁教会学生自救、自护，智慧救援；媒体宣导先确保自身安全，再谈救助他人；学者强调在以游泳技能为主的教学模式中，应更新自救技能和救溺技能并融入教学理念（张明飞, 2007；张昕, 2007），但从事水域安全教育模式实验的研究者极少。夏文基于"知信行"理论提出了小学生水域安全教育模式（夏文等, 2013），该模式是国内首次将水域安全知识和水域安全技能融合的混合式教学模式，它不仅能训练水域安全技能，提高生存能力，预防溺水，而且能丰富水域安全知识，改善水域安全态度，进而减少水域高危行为。不过，该模式的目标人群是小学生，其年龄偏小，无法融入自救能力和救溺能力的培养。因此，该模式并不适用于大学生的水域安全教学。

本书针对中国 2307 名大学生调查发现，大学生水域安全知识整体匮乏；73.6%的大学生完全不会游泳，更没有自救技能与救溺技能基础；14.6%的大学生只掌握了个别游泳技能，自救技能欠缺、救溺技能严重匮乏；11.8%的大学生具备了通过游泳课考核的能力，掌握了一定的自救技能，但救溺技能不足。将不会游泳的大学生与已掌握了个别游泳技能的大学生不加区分地进行统一模式的教学，不仅在内容和方法上难以折中，在目标达成和成绩考核上也难以量化。

教育模式（Models of Teaching，也译作教学模式）的研究始于乔伊斯和威尔等人，是构成课程（长时的学习课程），选择教材、指导在教室和其他环境中教学活动的一种计划或范型。国内学者在各自的研究中赋予了其更广泛的定义，本书采用何克抗教授对于教育模式的理解，即在教学过程中，为了实现某种预期的效果或目标（例如创建新型教学结构）往往要综合运用多种不同的方法与策略，当这些教学方法与策略的联合运用总能达到预期的效果或目标时，就成为一种有效的教育模式（何克抗，吴娟，2008）。实验研究是干预研究的主要研究方法（石岩，胡强，2014），分层教学法是因材施教的典型方法，包括教学对象分层、教学目标分层和教学过程分层（郭英、魏亚栋，2002）。分层教学实验法已成为近年来体育教学研究中成熟的教法（陶运三，2015）。目前，一些水域安全教育发达的国家和地区，采用了分层教学模式进行水域安全教育，如美国的"ABC"三级教学法、加拿大的"十二级动物徽章"教学法、中国台湾地区的五级教学法等均做了分层教学尝试（王国川、翁千惠，2003；周嘉慧，2009），且实施效果良好。分层教学能根据学生的实际情况和个体差异，有针对性地进行差别教学，使不同层次的学生均获得最佳发展，这无疑为大学生水域安全教育的探索提供了新的视角。

基于此，本书立足于前人的研究和调研，借助分层教育的理论，在研究、制定适合大学生水域安全教育分层考核的《大学生水域安全技能等级标准》的基础上，将大学生水域安全教育的教学对象进行了初、中、高的三级分层，并分别构建与之对应的水域安全教育模式。

第二节 理论基础与现实依据

一 理论基础

基于"因材施教"的原则,结合学生分层、目标分层,辅以分层施教、分层练习等教学方法,对学生实施分层教育,使学生在原有的基础上逐步得到提高和发展。水域安全分层教育模式是根据水域安全教育的总体目标,将基础参差不齐的教学对象按照相关因素进行若干分层,针对不同教学层次设置相应的教学目标和内容,运用合理的教学策略和训练手段,力求掌握相应层次的水域安全知识、技能,达到限制、控制、消除涉水危险而提出的教育理论模式。

二 现实依据

美国、澳大利亚、加拿大、日本等国均是水域安全教育较发达的国家。此外,一些发达国家也都非常重视青少年游泳运动的普及和发展,把游泳作为提高学生生存技能的一种教育活动纳入学校体育的必修课程,并实施分层教育模式进行正规化教学与训练。

通过学习和借鉴发达国家水域安全教育的经验,结合中国本土化特点,大学生水域安全分层教育模式拟划分为三级(初、中、高级)。每一个等级的教学内容又具体分为水域安全知识、游泳技能、救生技能和体能训练四个部分。此外,为了让学生在教学活动中更好地完成教学目标,对每一部分的内容都设有教学评量。在内容权重划分上我们借鉴加拿大的经验,显示出了水域安全课程的特色,从而很鲜明地区分了与游泳课、游泳培训班等教学模式的不同之处,权重划分分别是水域安全知识占20%、游泳技能占30%、救生技能占30%、体能训练占20%,同时还会配备相对应的教案供学生参考、学习。目的是强调学生具有长时间游泳及水中自救的能力,透过循序渐进的能力基本指标,培养学生基本的游泳自救能力,进而减少大学生溺水事件的发生。

第三节　整体思路设计

本教育模式具有分层教学的特点，即通过《大学生水域安全技能等级标准》的检测将学生真实的水域安全能力划分为初级、中级和高级三个等级，然后匹配相对应的水域安全教育内容（如图4-1）。大学生水域安全初级教育模式旨在普及水域安全知识和基本的游泳技能、自救技能；中级教育模式除了普及水域安全知识、巩固游泳技能和自救技能外，还需要学习岸上救援和辅助救援技能；高级教育模式除掌握较为全面的水域安全知识和提高游泳技能外，还需要掌握直接救援和现场赴救的能力，其考核标准对接国家体育总局初级救生员等级标准。根据每一等级的考核标准，每位学生必须通过考核才能进入更高级别的学习。该模式拟让每位参加学习的学生清楚地认识到自己所具备的水域安全知识、技能，特别是自己具备的何种自救技能和救溺技能，在遇险时果断选择合理的救溺方法，避免悲剧发生；同时，注意充分发挥水域安全的教育功能，通过课程教学，锻炼意志，陶冶情操，培养团结互助精神。总而言之，安全既是教学的内容，也是贯穿始终的主题。

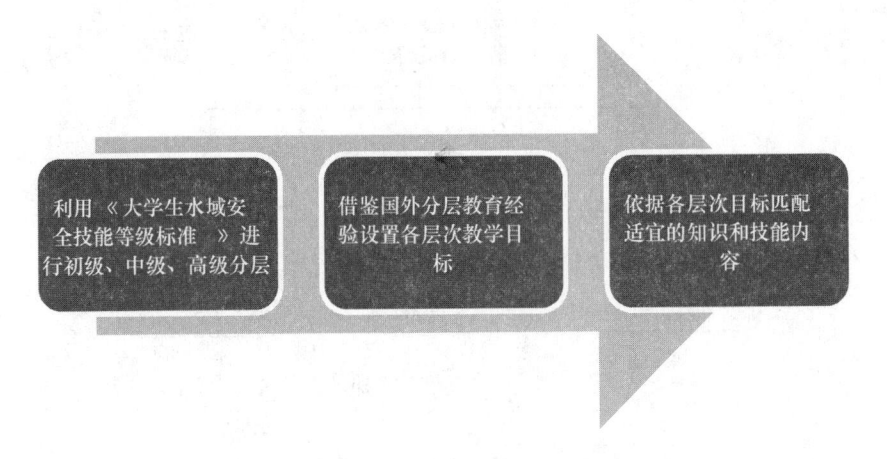

图4-1　大学生水域安全分层教育模式设计思路图

第四节 教学目标设计

在理论结合实践的基础上以身体练习为主要手段,学生重点掌握水域安全知识、游泳技能和救溺技能,不仅需要正确地识别复杂的水域环境,而且还要学会理智的施救方法,更重要的是具备自救能力和救溺能力。从而提高大学生水域安全认知能力,避免水域高危行为,预防和减少溺水事故。因此,如图4-2,大学生水域安全分层教育模式针对不会游泳的大学生的特点,如水域安全知识严重缺乏、游泳技能几乎为零、水域高危行为多、面对危险无法自救等,设计了以"安全涉水、求生自救"为教学目标的初级教育模式;针对掌握了个别游泳技能的大学生的特点,如水域安全知识不足、自救技能欠缺、救溺技能严重匮乏等,设计了以"冷静应对、巧救智援"为教学目标的中级教育模式;对具备了一定游泳技能和自救技能,但救溺技能不足(一旦遇险时参与直接救援将存在重大安全隐患)的大学生群体,设计了以"合理处置、胜任救援"为教学目标的高级教育模式。

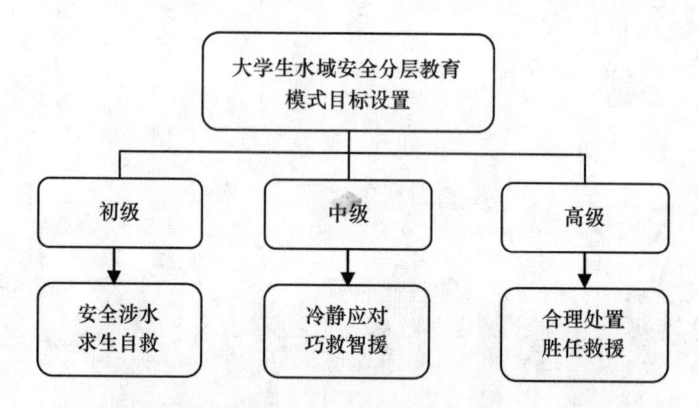

图4-2 大学生水域安全分层教育模式教学目标设计图

第五节　教学内容设计

大学生水域安全分层教育模式的内容应包括水域安全知识和水域安全技能，水域安全技能又包括游泳技能、自救技能和救溺技能（如图4-3）。其中，水域安全知识包括学习自我体能、天气状况、水域环境的判断方法及标准，了解和掌握游泳忌讳、水域活动安全要点、水域安全标志的相关知识。游泳技能包括学会水中运动的呼吸方法，掌握漂浮和打腿的基本技能，了解和掌握蛙泳、自由泳、仰泳等技术特点。自救技能包括仰漂、水母漂、抽筋自解、踩水、韵律呼吸、借物漂浮、水中脱衣、浮具制作等。救溺技能包括岸上救援、直接救援和紧急救生，岸上救援又包括手援、抛掷浮具、其他物体施救；直接救援包括水中靠近、拖带、水中解脱、救生技能等；紧急救生技能包括心肺复苏、损伤急救等。另外，通过大学生水域安全分层教育模式的学习和锻炼，提升学生有氧代谢能力，改善心肺功能，提高身体健康水平，促进身心全面发展，进一步增强体质。

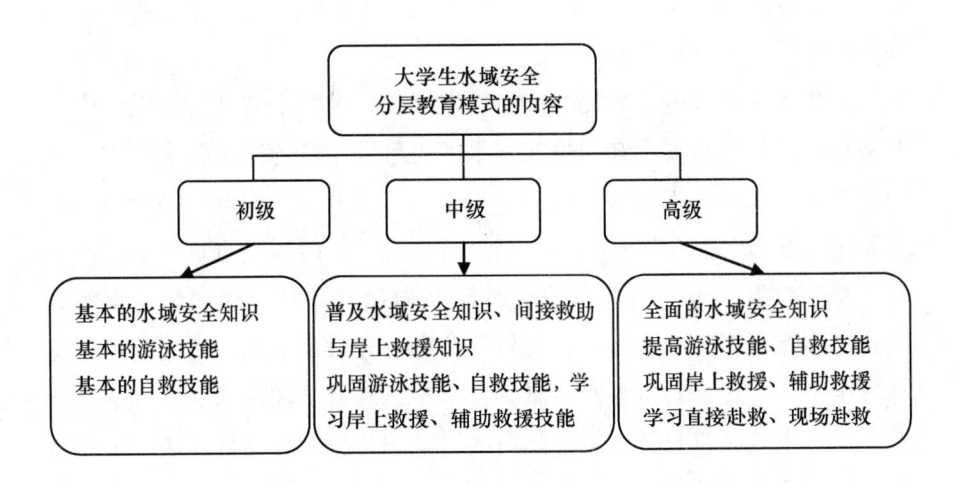

图4-3　大学生水域安全分层教育模式的内容框架图

一　内容构面简介

为进一步展现大学生水域安全分层教育模式的内容构面，将每个部分内容的设计思路和基本构面做简要介绍。

（一）水域安全知识的基本内容构面

目前中国各个高等学校的游泳教学理论课的学时安排比重较小，其中对于理论的学习多数集中在游泳运动的基本知识，游泳运动竞赛规则及体育基础理论上，真正涉及水域安全的知识非常少，仅有水域救生的基本知识。不难看出，中国高等学校游泳教学任务过于侧重实践，方案的实施目标及内容主要在于游泳技能训练，很多高等学校对学生蛙泳的评估标准是只要能从池边出发、基本完成蛙泳配合技术。此外在保证动作规范的基础上，如果男学生游60米就能得到满分，而女学生只需游40米。但这样的认定很容易让那些会游60米的学生高估自己的能力而轻率下水嬉戏，最后因为对水域环境的危险性不了解而造成悲剧，留下永久的遗憾。中国近年来大学生溺亡人数呈上升趋势，其中多数是由于缺乏水域安全知识。拥有好的游泳能力并非意味着能够应付各种险峻的安全问题，"淹死的都是会水的"，这句话从一定程度上也给予了验证。

因此，在大学生水域安全分层教育模式中设置水域安全知识的内容非常有必要。水域安全知识按照溺水的先后顺序分为防溺救生知识、水中意外事故求生知识和溺水后救护知识三个部分。防溺救生知识的内容主要包括水域环境警告信息、"游泳十八忌"、游泳注意事项、"四不游""三佩戴"、水域环境的安全要点及游泳装备须知和简易浮具的制作；水中意外事故求生知识主要包括分析和应对以往溺水案例、水中意外救生常识、正确施救溺水者步骤、水中意外受伤和抽筋解决方法、冷水求生、水草缠身自救法、身陷漩涡自救法、疲劳过度自救法；溺水后救护知识主要包括进一步分析更多溺水案例并快速做出正确的应对方案、涉水救生（直接救生）、心肺复苏知识（CPR）。

1. 水域环境警告信息

日常生活中，各种开放水域随处可见一些水域安全警告信息。了解安全信息常识十分必要，缺乏水域安全常识的学生往往因为认知不够而产生水域高危行为。因此，学习水域环境警告信息能够促使学生正确地遵守水域活动规则，从而避免意外事故的发生。水域环境树立的警告信息一般可分为标志、标语和旗帜三种，需准确了解标志、标语和旗帜所代表的意义。

水域安全标志依照颜色和形状分成三类，蓝色代表允许，黄色代表警告，红色代表禁止，部分标志举例如表4-1所示：

表4-1　　　　　　　　水域安全标志举例表

允许标志	游泳	水肺潜水	冲浪	滑水	钓鱼	划船	跳水	帆船	风浪板	机动船
警告标志	水深危险	小心强劲暗流激流	小心突降陡坡	小心水母	小心鲨鱼	小心薄冰	危险浅水区	危险深水区	机动船艇范围	突然下坠
禁止标志	禁止游泳	禁止水肺潜水	禁止浮潜	禁止潜水	禁止跳水	禁止冲浪	禁止滑水	禁止射鱼	禁止钓鱼	禁止划船

资料来源：王国川、翁千惠，2003年4月20日，经研究者整理。

从溺水事故发生的区域看，多数发生在农村；从事故发生的地点看，大多发生在无人看管的江河、水库、塘堰、浮沙暗坑等野外水域，特别是农村河塘围堰被占用和开发后，河塘围堰深度加深，浅滩变成了深坑，又无危险标识牌，这些地方成为事故发生的黑洞。为此，当地村民、学校老师和领导及相关水域救生部门人员对易发生事故的水域设置了一些警告标语，以警示学生注意生命安全。这里列出一些常见的标语供大家参考，如表4-2所示：

表 4-2　　　　　　　　　　水域安全标语举例表

标语内容	宣传单位（者）
危险水域严禁游泳	某园林管理中心（宣）
这里溺水年年有，劝您莫走不归路	某村村民（宣）
危险水域，禁止下水	消防官兵（宣）
珍惜生命，远离危险	某区水利局（宣）
水深危险，严禁下水	某街道办事处（宣）
冰未冻实，不要靠近	某大学后勤处（宣）
为了您的生命安全，请不要下水游泳	某镇人民政府（宣）
库区水深，禁止学生下水游泳，流水无情，生命珍贵	某市中学（宣）
危险水域，请勿下水、嬉戏、游泳	民警（宣）
危险水域，禁止学生下水游泳	某中心小学（宣）
河道水深，地形复杂，切勿下水，注意安全	某市南明湖及生态河川管理处（宣）
水深危险，严禁游泳	某镇党委、政府（宣）
没有家长陪同，请勿私自下水游泳	某县小学（宣）

海滩、岛屿、湖泊等水域活动往往伴随着高风险，人们必须在救生员的看护范围内方可进行游泳和一些水上活动。水域安全旗帜正是这些区域必要的水域环境警告信息。水域安全旗帜分为四种，其色彩、形式、代表含义及悬挂条件如表 4-3 所示：

表 4-3　　　　　　　　　　水域安全旗帜举例表

旗帜类别名称	色彩	形状	代表含义	悬挂原则
	上红下黄	四角形	游泳务必在水域开放时间内，在救生员看护范围内	水域在开放时，悬挂于泳区范围两侧边界各一侧
	红色	四角形	水域处于关闭状态，存在危险，请勿下水	因各种气象因素、突发状况或其他管理的因素，必须关闭泳区

续表

旗帜类别名称	色彩	形状	代表含义	悬挂原则
	红色	十字形	急救站，提供救助：如发生抽筋，身体部位受伤，体温过低，体力透支等症状需就医	为游客提供水上活动的开放水域均要悬挂此标志
	绿色	三角形	水域处于开放状态，适宜游泳	必须有救生员的看护方可提供游客游泳
	黄色	三角形	提示要当心，此时水域状况不佳，游泳时需注意安全	——

2. 游泳十八忌

进行水域活动之前，特别是游泳之前，必须掌握游泳禁忌。因此，编制一些简短的游泳禁忌知识供大学生了解十分必要。

表4-4　　　　　　"游泳十八忌"表

项目	内容
"游泳十八忌"	（1）忌饭前饭后游泳　（2）忌剧烈运动后游泳　（3）忌月经期游泳 （4）忌在不熟悉的水域游泳　（5）忌长时间曝晒游泳 （6）忌不做准备活动即游泳　（7）忌游泳后马上进食　（8）忌游时过久 （9）忌有癫痫史游泳　（10）忌高血压患者游泳　（11）忌心脏病患者游泳 （12）忌中耳炎患者游泳　（13）忌急性结膜炎患者游泳 （14）忌某些皮肤病患者游泳　（15）忌酒后游泳　（16）忌忽视泳后卫生 （17）忌水下情况不明时跳水　（18）忌到受过污染和有血吸虫等水域游泳

除掌握水域环境警告信息、熟记"游泳十八忌"之外，水域安全分层教育模式的水域安全知识还包括游泳注意事项、坚持遵守"四不游""三佩戴"等，这里不再一一呈现。水域安全知识分层简介见表4-5所示：

表4-5　　　　　　　　　水域安全知识分层简介表

水域安全知识内容	拟分层级
水域环境警告信息、"游泳十八忌"、游泳注意事项、"四不游""三佩戴"、海滩游泳的安全常识，河川、溪流、湖泊游泳安全要点，游泳装备知识和简易的浮具制作	初级
搜集大学生溺水的新闻进行分析，讨论并说出溺水原因，水中意外救生常识、正确施救溺水者步骤，水中意外受伤和抽筋解决方法、冷水求生、水草缠身自救法、身陷漩涡自救法、疲劳过度自救法	中级
搜集大学生的溺水的新闻进行分析，讨论并说出溺水原因、涉水救生（直接救生）方法、心肺复苏知识	高级

（二）游泳技能的基本内容构面

实践证明，溺水者是否掌握游泳技能直接关乎生死。水域安全领域的专家和研究人员一致认为，要减少和控制溺水事故，首先要让学生掌握游泳技能。可见，游泳技能对个人水域安全发挥着至关重要的作用。游泳技能基本指标构面及分层简介如表4-6所示：

表4-6　　　　　　　　　游泳技能分层简介表

内容	指标	层级
间歇性连续呼吸	男学生20次　女学生10—15次	初级
俯卧漂浮5秒，然后站立	男学生连续做5次　女学生连续做3次	
仰卧漂浮5秒，然后站立	男学生连续做5次　女学生连续做3次	
俯卧滑行5秒，然后站立		
仰卧和俯卧翻转滑行5秒（辅助）		
俯卧滑行后交替打腿	男学生25米　女学生15米	
仰卧滑行后交替打腿（辅助）	男学生25米　女学生15米	

续表

内容	指标	层级
侧卧滑行后交替打腿（辅助）	男学生 25 米　女学生 15 米	初级
俯卧和仰卧翻转滑行后交替打腿	男学生 25 米　女学生 15 米	
俯卧和侧卧的组合滑行（辅助）	男学生 25 米　女学生 15 米	
俯卧游进（刚开始可以使用任意手臂、腿部动作或结合动作游泳）	男学生 25 米　女学生 15 米	
侧向打腿	男学生 25 米　女学生 15 米	中级
仰卧鞭状打腿前行	男学生 25 米　女学生 15 米	
俯卧鞭状打腿前行加有节奏的呼吸	男学生 50 米　女学生 25 米	
蛙泳	男学生 100 米　女学生 50 米	
仰泳	男学生 100 米　女学生 50 米	
侧泳	男学生 100 米　女学生 50 米	
侧向打腿	男学生 50 米　女学生 25 米	高级
仰卧鞭状打腿前行	男学生 100 米　女学生 50 米	
俯卧鞭状打腿前行加有节奏的呼吸	男学生 100 米　女学生 50 米	
蛙泳	男学生 300 米　女学生 200 米	
仰泳	男学生 300 米　女学生 200 米	
侧泳	男学生 200 米　女学生 100 米	
蛙泳、仰泳和侧泳任选一种或组合	500 米	

（三）救溺技能基本指标构面

救溺技能是大学生水域安全分层教育模式实践创新的部分，在传统的游泳教学中，极少涉及该项内容。纵观各类溺亡事故，往往由于大学生不具备救溺技能贸然施救或施救不当，导致错失救溺机会甚至人溺、己溺。因此，大学生水域安全分层教育模式将逐级融入救溺技能教学，增强大学生的水域安全能力。

救溺技能分为自救、他救和互救，从个人水域安全的角度出发，大学生首先应该学习自救，然后再学习他救和互救。落水往往因意外造成，对于一个落水的溺水者而言，在这种危急时刻首先应该学会漂浮，使自己至少口鼻能离开水面呼吸，以维持生命，等待救援。具备基本漂浮能力后，接下来是学习踩水的能力，使身体可以漂浮在水面寻找漂浮物或救援机会。救生技能基本指标构面及分层简介如表4-7所示。

表4-7　　　　　　　救溺技能分层简介

救溺技能内容	拟分层级
穿戴个人漂浮设备	初级
水母漂30秒以上	
十字漂浮30秒以上	
踩水30秒以上	
仰漂30秒以上	
掌握水中受伤，抽筋时的自救方法与技能	
水中自救步骤	中级
岸上救生（借物待援）	
冰上救援	
识别溺水者的状况	高级
直接救生，如拖带等	
心肺复苏	

（四）体能训练基本指标构面

大学生水域安全分层教育模式将体能训练作为水域安全能力提升的重要手段。若想具备良好的水域安全能力，掌握水域安全知识、水域安全技能固然重要，但充沛的体能是保障技术运用的前提。因此，大学生水域安全分层教育模式的体能训练从技能练习的数量、技能的强度上均做了具体计划和要求。体能训练基本指标构面及分层简介如表4-8所示：

表4-8　　　　　　　体能训练分层简介表

体能训练内容	拟分层级
仰卧渐进式打水，男学生20米、女学生15米	初级
俯卧渐进式打水，男学生20米、女学生15米	
侧卧渐进式划水，男学生20米、女学生15米	
接力15米往返打水（俯卧、仰卧和侧卧可任选一种游姿）	

续表

体能训练内容	拟分层级
自由泳，男学生300米、女学生200米	中级
蛙泳，男学生300米、女学生200米	
仰泳，男学生300米、女学生200米	
负重搅蛋式踩水	高级
采用混合式游泳游500米×1组	

二 各级指标

在大学生水域安全分层教育模式内容构面的基础上，进一步细化水域安全知识、游泳技能、救溺技能、体能训练四个部分的内容到初、中、高三级教育模式中，构成大学生水域安全分层教育模式的基本指标（见表4-9）：

表4-9　大学生水域安全分层教育模式的基本指标表

	初级	中级	高级
安全知识	防溺救生知识 ①水域环境警告讯息 ②"游泳十八忌" ③游泳注意事项 ④"四不游" ⑤"三佩戴" ⑥水域活动安全要点 ⑦游泳装备知识和简易的浮具制作	水中意外求生知识 ①对大学生溺水新闻进行分析，讨论并说出溺水原因 ②水中意外救生常识 ③正确施救溺水者的步骤 ④水中意外受伤和抽筋的解决方法 ⑤冷水求生 ⑥水草缠身自救法 ⑦身陷漩涡自救法 ⑧疲劳过度自救法	溺水救护知识 ①对大学生溺水新闻进行分析，讨论并说出溺水原因 ②直接救生知识：如等待救助；溺者抓住救生者手腕的解脱方法；救生者被溺者从后方抱住颈部的解脱方法；救生者被溺者从前或后抱住腰部的解脱方法；救生者被溺者抓住头发的解脱方法；紧急情况时，如何正确拖带溺水者 ③心肺复苏知识

续表

	初级	中级	高级
游泳技能	①间歇性连续呼吸，男学生20次、女学生10—15次，手抓池壁的方式和浮板漂浮方式 ②俯卧漂浮5秒，然后站立 ③仰卧漂浮5秒，然后站立 ④俯卧滑行5秒，然后站立 ⑤仰卧和俯卧翻转滑行5秒（辅助） ⑥俯卧滑行后交替打腿，男学生25米、女学生15米 ⑦仰卧滑行后交替打腿，男学生25米、女学生15米 ⑧侧卧滑行后交替打腿，男学生25米、女学生15米 ⑨俯卧和仰卧翻转滑行后交替打腿，男学生25米、女学生15米 ⑩俯卧和侧卧的组合滑行（辅助），男学生25米、女学生15米 ⑪俯卧游进，男学生25米、女学生15米。刚开始可以使用任意手臂、腿部动作或结合动作游泳，然后再循序渐进 ⑫蛙泳，男学生25米、女学生15米	①侧向打腿，男学生25米、女学生15米 ②仰卧鞭状打腿前行，男学生50米、女学生25米 ③俯卧鞭状打腿前行加有节奏的呼吸，男学生50米、女学生25米 ④蛙泳，男学生100米、女学生50米 ⑤仰泳，男学生100米、女学生50米 ⑥侧泳，男学生100米、女学生50米	①侧向打腿，男学生50米、女学生25米 ②仰卧鞭状打腿前行，男学生100米、女学生50米 ③俯卧鞭状打腿前行加有节奏的呼吸，男学生100米、女学生50米 ④蛙泳，男学生300米、女学生200米 ⑤仰泳，男学生300米、女学生200米 ⑥侧泳，男学生200米、女学生100米 ⑦蛙泳、仰泳和侧泳任选一种或组合，完成500米

续表

	初级	中级	高级
救溺技能	自救技能 ①穿戴个人漂浮设备 ②水母漂 30 秒以上 ③十字漂浮 30 秒以上 ④踩水 30 秒以上 ⑤仰漂 30 秒以上 ⑥水中受伤，抽筋应对技能 ⑦水中自救步骤	他救技能（间接救生） ①岸上救生（借物待援） ②冰上救援的办法 ③冰上自救步骤	他救技能（直接救生） ①识别溺水者的危险状态 ②涉水救生，如拖带等 ③心肺复苏
体能训练	①仰卧渐进式打水，男学生 20 米、女学生 15 米 ②俯卧渐进式打水，男学生 20 米、女学生 15 米 ③侧卧渐进式划水，男学生 20 米、女学生 15 米 ④混合式 15 米往返打水（俯卧、仰卧和侧卧可任选一种游姿）	①自由泳，男学生 300 米、女学生 200 米 ②蛙泳，男学生 300 米、女学生 200 米 ③仰泳，男学生 300 米、女学生 200 米	①负重搅蛋式踩水 3 分钟以上 ②采用混合式游泳游 500 米×1 组
教学评量类别	观察评量 在游泳教学过程中，纠正错误动作是教学的一个重要环节。要纠正错误动作，其前提就是能科学地观察并找出错误的症结，因此，有必要在游泳教学中正确地运用观察法来解决学生的各种问题	观察评量 在游泳教学过程中，纠正错误动作是教学的一个重要环节。要纠正错误动作，其前提就是能科学地观察并找出错误的症结，因此，有必要在游泳教学中正确地运用观察法来解决学生的各种问题	观察评量 在游泳教学过程中，纠正错误动作是教学的一个重要环节。要纠正错误动作，其前提就是能科学地观察并找出错误的症结，因此，有必要在游泳教学中正确地运用观察法来解决学生的各种问题
	态度评量 课堂上切记不要指责学生、批评甚至是恶语伤人，要多	态度评量 课堂上切记不要指责学生、批评甚至是恶语伤	态度评量 课堂上切记不要指责学生、批评甚至是恶语伤人，要

续表

	初级	中级	高级
教学评量类别	用鼓励的方法，如你学得很快，你做得不错，你游得次数最多，你游得速度最快，你游得距离最长，抑或跷起拇指 **记录评量** 记录每一个学生的最远距离和最短时间 **口语评量** 通过问问题和口试两种方式。问问题常用于形成性评量，为教学里师生常见的互动模式；口试常用于总结性评量，进一步了解学生个人出现的问题及解决能力	人，要多用鼓励的方法，如你学得很快，你做得不错，你游得次数最多，你游得速度最快，你游得距离最长，抑或跷起拇指 **记录评量** 记录每一个学生的最远距离和最短时间 **口语评量** 通过问问题和口试两种方式。问问题常用于形成性评量，为教学里师生常见的互动模式；口试常用于总结性评量，进一步了解学生个人出现的问题及解决能力	多用鼓励的方法，如你学得很快，你做得不错，你游得次数最多，你游得速度最快，你游得距离最长，抑或跷起拇指 **记录评量** 记录每一个学生的最远距离和最短时间 **口语评量** 通过问问题和口试两种方式。问问题常用于形成性评量，为教学里师生常见的互动模式；口试常用于总结性评量，进一步了解学生个人出现的问题及解决能力
情感体验	①非常满意 ②满意 ③一般 ④较满意 ⑤不满意	①非常满意 ②满意 ③一般 ④较满意 ⑤不满意	①非常满意 ②满意 ③一般 ④较满意 ⑤不满意
备注	①呼吸要连续 ②刚开始练习漂浮或打水要借助漂浮物 ③水母漂、十字漂浮至少10秒换气 ④踩水尽可能地延长时间 ⑤练习技能要遵循循序渐进的原则	①蛙泳、自由泳及仰泳必须遵循金字塔式的教学程序，同时要循序渐进，一定要将动作练习熟练方可进行下一阶段的学习 ②在进行岸上他救时，尽可能接近演习的真实性，同时也要保障学生的安全	①在实施直接救生时，一定要留意溺水者的状态 ②提前准备好所有的教学道具 ③在进行500米混合式游泳时，须全程跟进，并给予针对性的指导和鼓励

第六节　分层进度安排

为进一步细化大学生水域安全分层教育模式的各级教学内容和教学安排，均采用理论与实践相结合的教学方式，设计12节课授课模式，详见表4-10大学生水域安全分层教育初级进度表，表4-11大学生水域安全分层教育中级进度表，表4-12大学生水域安全分层教育高级进度表。

表4-10　　　　　大学生水域安全分层教育初级进度表

课次	教学内容	教学形式	课时
第1节	水域安全分层教育课程的意义 水域安全分层教育课程的内容 自我体能、天气状况、水域环境、判断知识	理论	2
	克服怕水心理（水中拾物、行走） 在水中有节奏地呼吸 水中漂浮（俯卧漂浮）	实践	
第2节	自我体能、天气状况、水域环境、判断知识	理论	2
	克服怕水心理（水中拾物、行走） 在水中有节奏地呼吸 水中漂浮（俯卧漂浮、仰卧漂浮）	实践	
第3节	游泳忌讳	理论	2
	在水中有节奏地呼吸 水中漂浮（俯卧漂浮、仰卧漂浮、水母漂、仰漂）	实践	
第4节	游泳忌讳	理论	2
	在水中有节奏地呼吸 水中漂浮（俯卧漂浮、仰卧漂浮、水母漂、仰漂、十字漂浮） 交替打腿	实践	

续表

课次	教学内容	教学形式	课时
第5节	水域活动安全要点	理论	2
	水中漂浮 交替打腿 踩水呼救	实践	
第6节	水域活动安全要点	理论	2
	水中漂浮 交替打腿 踩水呼救	实践	
第7节	识别水域安全标志	理论	2
	水中漂浮 俯卧游进 踩水呼救 水中抽筋自救	实践	
第8节	识别水域安全标志	理论	2
	踩水呼救 俯卧游进 水中抽筋自救	实践	
第9节	俯卧游进 简易浮具制作	实践	2
第10节	踩水呼救、十字漂浮、水中抽筋时的自救方法与技能	实践	2
第11节	复习泳前防溺知识 练习游泳	理论 实践	2
第12节	理论考核 实践考核	理论 实践	2

表4-11　　　　　大学生水域安全分层教育中级进度表

课次	教学内容	教学形式	课时
第1节	分析以往溺水案例并总结优先选择岸上救援方法	理论	2
	蛙泳腿部动作技术 岸上借助软性辅助物救助	实践	
第2节	岸上救生器材的选择	理论	2
	蛙泳腿部动作技术 蛙泳手臂动作技术 岸上借助软性辅助物救助	实践	
第3节	岸上救助步骤	理论	2
	蛙泳腿部动作技术 蛙泳手臂动作技术 岸上借助硬性辅助物救助	实践	
第4节	大声呼救 寻找浮具知识	理论	2
	蛙泳完整配合技术动作 岸上借助硬性辅助物救助	实践	
第5节	复习间接救援知识	理论	2
	蛙泳完整配合技术动作 岸上借助硬性辅助物救助技能	实践	
第6节	水中意外自救的注意事项	理论	2
	蛙泳完整配合技术动作 踩水腿部技术动作 抛投救助物技能	实践	
第7节	水中受伤自救法	理论	2
	踩水手臂动作技术 抛投救助物技能	实践	

续表

课次	教学内容	教学形式	课时
第8节	冷水求生 踩水完整配合动作 抛投救助物技能	理论 实践	2
第9节	身陷漩涡自救法 踩水 蛙泳	理论、实践	2
第10节	复习意外自救知识 复习间接救援知识 踩水 蛙泳完整配合动作技术	理论、实践	2
第11节	岸上借助软性辅助物救助 岸上借助硬性辅助物救助 抛投救助物技能 复习游泳技术	理论、实践	2
第12节	理论考核 实践考核	理论、实践	2

表4-12　大学生水域安全分层教育高级进度表

课次	教学内容	教学形式	课时
第1节	溺水者状态识别 仰泳腿部动作技术	理论 实践	2
第2节	意外事故救援处理流程 仰泳腿部动作技术 现场赴救技能	理论 实践	2
第3节	涉水救援 仰泳手臂动作技术 现场赴救技能	理论 实践	2

续表

课次	教学内容	教学形式	课时
第4节	溺水施救步骤	理论	2
	仰泳手臂动作技术 水中解脱救生技能	实践	
第5节	溺水施救步骤	理论	2
	仰泳完整配合动作技术 水中解脱救生技能	实践	
第6节	心肺复苏救援常识	理论	2
	仰泳完整配合动作技术 心肺复苏操作演练	实践	
第7节	心肺复苏救援常识	理论	2
	仰泳完整配合动作技术 心肺复苏操作演练 混合游	实践	
第8节	损伤急救知识	理论	2
	混合游 仰泳 损伤急救操作演练	实践	
第9节	四种游泳任意组合游进 仰泳完整配合动作技术 复习直接救援知识 复习溺水救护知识	理论、实践	2
第10节	四种游泳任意组合游进 仰泳完整配合动作技术 复习直接救援知识 复习溺水救护知识	理论、实践	2
第11节	现场赴救技能 解脱技能 心肺复苏技能	理论、实践	2
第12节	理论考核	闭卷考试	2
	实践考核	课堂测试	

第七节　教学组织设计

大学生水域安全分层教育模式的设计以分层教育理论为指导，借鉴情景模拟、体验式学习、强化学习等教学教法理论为辅助手段。

情景模拟：又称角色扮演法，是指教师根据具体的教学内容，设计特定的模拟主题，通过安排学生扮演不同的角色，模拟情景发展的过程，从而让学生在身临其境中获取知识、提高能力的一种教学方法（戴国良、周永平，2010）。大学生水域安全分层教育模式旨在提高大学生自救与救溺能力，对于突发情况的模拟必不可少，此方法不仅突出操作性而且给教学增添了更多的趣味性。

体验式学习：体验式学习并不是以知识为本位的课堂学习，而是在某种特定的场景中，通过学生的亲身经历和反思内省，不断提升自我认识，形成积极的情感、态度和价值观，促进人格升华的户外团队活动（王灿明，2005）。大学生水域安全分层教育模式强调技能的形成，讲求合理判断、理性选择和果断实践，在实践中学习、体验和领悟。

强化学习：是一类根据环境反馈来学习的技术。大学生水域安全分层教育模式更强调对学生行为的反馈和奖励（口头表扬等）措施，使其成为学生行为强化的动力。榜样教育、示范教学等都能增强学生学习的自我效能。

具体教学过程包括课程引导、课程目标和内容宣布、情景营造、探究学习、集体分享、老师点评示范、情景模拟（学生模仿练习）、情景感悟（学生反思联想）、老师引导总结、情景超越（实践与应用）、总结反馈等环节，各环节需制定相应的时间长度，以保证活动有序、完整地进行。

第八节　考核体系设计

大学生水域安全分层教育模式考核体系的设计，如图4-4所示：

```
                    ┌─────────────────────┐
                    │ 大学生水域安全分层教育 │
                    │   模式考核体系        │
                    └──────────┬──────────┘
              ┌────────────────┼────────────────┐
            ┌─┴─┐            ┌─┴─┐            ┌─┴─┐
            │初级│            │中级│            │高级│
            └─┬─┘            └─┬─┘            └─┬─┘
```

水域安全知识占50%	水域安全知识占50%	水域安全知识占50%
水域安全技能占50%	水域安全技能占50%	水域安全技能占50%
（其中游泳技能占55%，	（其中游泳技能占50%，	（其中游泳技能占45%，
自救技能占45%）	自救技能、救溺技能占50%）	自救技能、救溺技能占55%）

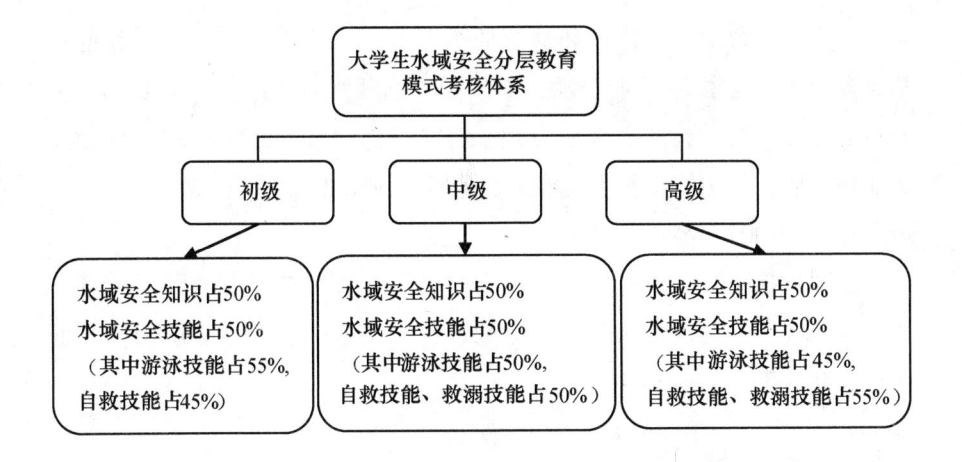

图 4-4 大学生水域安全分层教育模式考核体系图

一 考核内容与形式

（一）理论（知识）

理论考核采用闭卷笔试，占 25% 考核的主要内容为：水域安全分层教育课程的意义，水域环境警告讯息，游泳注意事项，"游泳十八忌"，"四不游"，"三佩戴"，水域活动安全要点，游泳装备知识和简易的浮具制作，水中意外救生常识，正确施救溺水者步骤，水中意外受伤和抽筋的解决方法，疲劳过度自救法，水中直接救生所需要掌握的注意事项，心肺复苏救援常识及案例分析及其防范措施。试卷题型包含单项选择题、多项选择题、判断题及论述题。

（二）实践（技能）

为了区别于传统游泳教学，在技术内容考核上突出明显的差异，《水域安全分层教学》课程教学的重点是培养学生水域安全的认知能力，提高救生能力。因此，在考查学生综合水域安全能力方面设置了较大的比重。具体可将考核内容分为游泳技能和救溺技能两部分，其中游泳技能包括水中有节奏的呼吸，漂浮滑行，俯卧、仰卧翻转滑行加交替打腿，侧卧打腿，俯卧游进，俯卧、侧卧组合滑行加交替打腿，蛙泳完整游泳，俯卧鞭状打腿前行加有节奏的呼吸，捷泳完整游泳及仰泳完整配合动作，侧泳的完整配合动作及蛙泳和仰泳的组合游进，共占30%；救溺技能包括穿戴个人漂浮设备，水母漂，十字漂浮，踩水，仰漂，水中受伤、抽筋时的自救方法与技能，水中自救步骤，识别溺水者的状况和正确救援的实践演练，水中拖带救生技能及心肺复苏操作演练，共占35%。

（三）平时成绩

本课程在平时成绩的评定方式上与目前各大高校的游泳评定标准相比基本相同。大致也是从作业、考勤、带操及学生上课的态度四个方面给予综合评定，共占10%。

二 考核细则与分值评价

参见附录二第五部分：大学生水域安全分层考核细则及其评分标准，在大学生水域安全分层教育的学习和考核中，首先运用《大学生水域安全技能等级标准》对大学生的水域安全能力进行筛选分层，相应地进入各个层级学习。之后，只有完成和通过初级考核才能进入中级模式的学习，只有完成和通过中级考核才能进入高级模式的学习，而高级模式对接国家体育总局初级救生员的等级标准，完成者可具备通过国家体育总局初级救生员考核的能力。

然而需要注意的是，尽管本书在分层教育的理论指导下，结合国外水域安全分层教育的经验，融入水域安全知识、水域安全技能（游泳技能、自救技能、救溺技能），构建了大学生水域安全分层教育模式，但该模式毕竟只是单纯的理论建构，其教学效果，尤其是对大学生水域安全知识、水域安全技能、水域安全态度和水域高危行为的作用和效果还需要展开实验教学进行检验。

第 五 章

大学生水域安全分层教育模式的实验研究

第一节 问题的提出

针对中国2307名大学生的调查发现，占比73.6%的大学生不会游泳。这一群体通过短时间的水域安全教学就能够完全掌握自救能力和救溺能力吗？显然难度太大，不切教育实际。基于此，本书立足于前人研究和调研的基础，研究并制定适用于大学生水域安全教育分层考核的《大学生水域安全技能等级标准》，将大学生水域安全教育教学的对象进行初、中、高三级分层，分别构建与之相匹配的水域安全教育模式。本书针对不会游泳的大学生，水域安全知识严重缺乏、游泳技能几乎为零、水域高危行为多而面对危险无法自救等特点，构建以"安全涉水、求生自救"为教学目标的大学生水域安全初级教育模式，通过借鉴水域安全"知信行"教学模式中水域安全知识和水域安全技能对水域安全态度和水域高危行为的影响机制，进一步细化水域安全技能为游泳技能和自救技能（浮具制作、抽筋自解、自救漂浮），旨在提高大学生水域安全教育的效果，达到干预其态度和行为的目的。

占比14.6%的大学生虽然掌握了个别游泳技能，但自救技能欠缺、救溺技能严重匮乏。仔细分析大学生溺水事件，往往是该部分大学生自认为掌握了个别游泳技能而贸然下水，既不能在自身遇险时冷静应对，更无法在他人有难时科学施救，仅凭"见义勇为"的一腔热血最终造成人溺、己溺。方千华、梅雪雄（2005）认为水域安全教育更应强调个人在水中的安全，鼓励岸上救援；国内有关水域救生网站也积极宣传，刚学会游泳（游泳技能）者更应加强自救自护能力，优先选择岸上救援。基于此，本书针对掌握了个别游泳技能，但水域安全知识不足、自救技能欠缺、救溺技能严重匮乏的大学生群体，设计了以"冷静应对、巧救智援"为教学目标的大学生水域安全中级教育模式。在该教育模式中，通过借鉴水域安全"知信行"教学模式中水域安全知识和水域安全技能对大学生水域安全态度和水域高危行为的影响机制，进一步细化水域安全技能为游泳技能、自救技能（踩水呼救）和救溺技能（岸上救助、手援救助）。

11.8%的大学生掌握了一种以上的游泳技能，但该部分学生只能在游泳技能上达标，救溺技能明显不足。换言之，这部分"会游泳的大学生"若遭遇实际险情或参与直接救援，存在着重大的安全隐患。基于此，本书针对具备了一定游泳技能和自救技能，但救溺技能不足（一旦遇险参与直接救援将存在重大安全隐患）的大学生群体，设计了以"合理处置、胜任救援"为教学目标的大学生水域安全高级教育模式。在该教育模式中，通过借鉴水域安全"知信行"教学模式中水域安全知识和水域安全技能对大学生水域安全态度和水域高危行为的影响机制，进一步细化水域安全技能为游泳技能、自救技能和救溺技能（解脱技能、损伤急救、现场赴救），其考核标准对接《游泳救生员国家职业技能标准》，即完成本课程学习并通过考核者，可具备通过初级游泳救生员国家职业资格考核的能力，这不仅为学生综合素质的提高提供了多种培养路径，更为水域救援人才的培养提供了重要参考。安全教育是当今关注的焦点，救援人才培养将是未来国家人才培养工作的重要一环，本书旨在提高大学生水域安全教育的效果，达到干预其态度和行为的目的。

综上，本书旨在分别考察以"安全涉水、求生自救"为教学目标的水域安全初级教育模式；以"冷静应对、巧救智援"为教学目标的水域安全中级教育模式；以"合理处置、胜任救援"为教学目标的水域安全高级教育模式的教育效果，确证其对于大学生水域安全知识、技能、态度和行为的影响，以期为现今的教学改革和教学实验提供一种新的思路和方法。本书假设如下：（1）水域安全初级、中级、高级教育模式能够有效增加大学生的水域安全知识，增强大学生的水域安全技能，改善大学生的水域安全态度，减少水域高危行为。（2）水域安全初级、中级、高级教育模式的效果有一定的持续性。

第二节 研究方法

一 实验被试者

游泳课程深受大学生喜爱，各高等学校游泳课程多实行选修课形式，选课人数较多，为本书的实验提供了便于选取的实验对象。本书依据《大学生水域安全技能等级标准》对某大学二、三年级游泳选修课的学生进行施测，选取初级综合评分在40.0—59.9之间的60名大学生作为初级实验被试者，随机（将60名学生初始成绩排序，第1、2名抽签进入实验班和对照班，依次第3、4名，第5、6名……实行"匹配随机分组"，以下同）确定实验1班、对照1班（各班均有男女学生各15名）；选取中级等级综合评分在40.0—59.9之间的60名大学生作为中级实验被试者，随机确定实验2班、对照2班（各班均有男女学生各15名）；选取高等级综合评分在40.0—59.9之间的60名大学生作为实验被试者，随机确定实验3班、对照3班（各班均有男学生17名，女学生13名），对各实验班的大学生开展历时1个月（因考虑天气状况、缺乏恒温泳池、教学集中时间授课等诸多因素）的水域安全分层教育模式的教学训练，对照班采取传统教学模式教学。为最大限度地避免实验中学生无故缺勤和退出，特殊强调学习纪律和考勤。

二 实验设计

采取重复测量一个因素的混合实验设计。具体见表5-1所示：

表5-1　　重复测量一个因素的混合实验设计表

	性别	前测	实验处理	后测	延时测定
实验1班	男	O_1	水域安全初级教育模式	O_7	O_{13}
	女				
对照1班	男	O_2	传统教学模式	O_8	O_{14}
	女				

续表

	性别	前测	实验处理	后测	延时测定
实验2班	男	O_3	水域安全中级教育模式	O_9	O_{15}
	女				
对照2班	男	O_4	传统教学模式	O_{10}	O_{16}
	女				
实验3班	男	O_5	水域安全高级教育模式	O_{11}	O_{17}
	女				
对照3班	男	O_6	传统教学模式	O_{12}	O_{18}
	女				

注:"O"代表施测数据。

实验班与对照班均包含男女学生,性别是水域安全教育中需要注意的因素。国内外研究一致表明,男性水域高危行为显著高于女性(Howland, J. et al., 1996;杨功焕等,1997;Moran, K., 1998;Fang, Y. et al., 2007;陈天骄等,2007)。为获得较好的内部效度,本书对性别这一干涉变量进行了控制,避免由于性别与实验处理产生交互作用而混淆了实验结果。其中:实验处理(2个水平),传统游泳教学模式、分层(初、中、高级)水域安全教育模式和性别(2个水平,男、女)为被试间变量;测量时间(2个水平,前测、后测),属于重复测量因素。以最大限度地控制由被试的个体差异所带来的误差。实验设计的因变量为水域安全知识、水域安全技能、水域安全态度和水域高危行为。水域安全知识、水域安全态度、水域高危行为通过问卷进行测量,水域安全技能通过客观评价进行测量。

首先,运用重复测量的方差分析,对3组实验班和对照班的水域安全知识、水域安全技能、水域安全态度和水域高危行为前后测的差异进行比较(O_1—O_7、O_2—O_8、O_3—O_9、O_4—O_{10}、O_5—O_{11}、O_6—O_{12}、O_1—O_2、O_3—O_4、O_5—O_6、O_7—O_8、O_9—O_{10}、O_{11}—O_{12}),为考察实验处理的有效性;其次,在实验处理有效的基础上,进一步比较实验班和对照班的水域安全知识、技能、态度和行为延时测定的结果（O_{13}—O_{14}、O_{15}—O_{16}、O_{17}—O_{18}），检验大学生水域安全分层（初、中、高级）教育模式训练效果的持续性。

三　实验材料

（一）水域安全知识、水域安全态度和水域高危行为的测量

《学生水域安全 KSAP 量表》，包括水域安全知识 9 道题，水域安全技能 10 道题、水域安全态度 10 道题、高危行为 10 道题。运用 Likert5 点计分法，其中水域安全知识属于正向陈述，条目得分越高，表示水域安全知识得分越高；水域安全技能为反向陈述，得分越高，说明水域安全技能越差；水域安全态度采用反问句法，得分越高，说明水域安全态度越差；水域高危行为得分越高，表示高危行为发生率越高。量表均为成熟量表，具有较高的信度和效度，其 Cronbach's α 系数分别达到 0.943、0.964、0.913、0.943。

1. 水域安全技能的测量

水域安全技能测量标准参照实践不断变化，美国推出 2 分钟之内游完 100 米、潜泳 25 米为达标；澳大利亚测试 5 分钟游完 200 米，各国竞相设立了自己的达标成绩。但随着水域安全教育知识和技能的扩展，简单的技能达标已不能衡量被试者是否具备了水域安全技能。尽管夏文在国内外研究的基础上，结合"知信行"理论模型，研制出了游泳技能量表，但该量表存在诸多限制，如：测试对象为中小学生、以主观判断为主、无法量化评价。因此本书前期已研制了客观量化的《大学生水域安全技能等级标准》实施分层测量，由于该标准暂未发表，而又是本书的重要工具。因此，有必要对《大学生水域安全技能等级标准》做简要介绍。

（1）技能等级评价结构的筛选

首先通过问卷调查建立大学生水域安全等级评价结构。①在面向的人群（普通学生、游泳专项学生）中，所有（23 人）的受访教练与专家都认为，研究对象的范围应该定位为"普通大学生"的初学者水平。②在编制的（3 级、5 级、9 级、10 级、12 级）5 个评选级位中，70%

(16人)的受访专家与教练认为,评级级位应该以9个级位设置最适宜,而剩余的22%(5人)与9%(2人)分别认为设定10级和5级较适宜。③在被评选的3个层级划分中(初级—高级、初级—中级—高级、初级—中级—高级—超级),78%(18人)的受访专家、救生教练、高校游泳教师认为(如表5-2所示),应该将9个级位划分为3个级别,即初级(1—3级)、中级(4—6级)和高级(7—9级)。

表5-2 《大学生水域安全技能等级标准》专家访谈一览表

方式	人数	来源	目的
专家问卷	23	中南民族大学、武汉体育学院、华中师范大学、广西师范大学、湖北省恩施市力海青少年游泳俱乐部	确定技术等级评价结构
专家访谈	18	武汉体育学院、广西师范大学、南宁市体育运动学校、河南省体育工作大队	提出初选评价指标
专家问卷	39	江汉大学、中国地质大学、广西体育高等专科学校、广西体育馆、湖北民族学院、中山体育运动学校、湖南恒安游泳俱乐部、海南大学、河南省体育工作大队、武汉体育学院、华中师范大学	筛选初选评价指标
专家论证	13	广西师范大学、武汉体育学院、华中师范大学、南宁市体育运动学校、河南省体育工作大队	确定评价指标体系
专家问卷	16	武汉体育学院、华中师范大学、舟山海洋学院、湖北民族学院、广西师范大学	确定评价指标权重

经过以上三个步骤,学生水域安全技能等级标准的评价结构最终被确立。①评价对象的范围为普通大学生,使得评价指标的选择更有指向性和准确性;②评价标准设置9个级位(1—9级);③9个级位分别又划分为初级(1—3级)、中级(4—6级)和高级(7—9级)3个等级。因此,最终形成的评价指标体系形式应该由3个等级(初级、中级、高

级）各自的评价指标和评价标准构成。

（2）初选评价指标的问卷筛选

经过查阅文献和对18位资深教练、知名专家的访谈，根据评价对象的水平范围，在遵从不同等级的评价指标不同的原则的基础上，初步选定评价指标：①1级指标两项（游泳技能、救生技能）；②2级指标30项（初级11项、中级9项、高级10项）（见表5－3）；③3级主观评价指标6项，总计38项评价指标。

表5－3　《大学生水域安全技能等级标准》初选评价指标一览表

	1级指标	2级指标	3级主观评价指标
初级评价指标	游泳技能	有节奏呼吸、交替打腿、俯卧漂浮、仰卧漂浮、俯卧游进	动作实效性、动作协调性、耐力素质、动作力量变化、动作质量、位移速度
	救生技能	蘑菇头漂浮、水母漂、十字漂浮、仰漂、抽筋自解、浮具制作	
中级评价指标	游泳技能	蛙泳、自由泳、侧泳、潜泳、踩水呼救	
	救生技能	扔掷辅助物救助、伸够辅助物救助、个人手援救助、团体手援救助	
高级评价指标	游泳技能	仰泳、速度游、组合游	
	救生技能	入水、接近、拖带、解脱、上岸、心肺复苏、损伤急救	

水域安全教育专家、救生教练及高校游泳教师（39人）根据多年的专业知识和经验对初选指标的重要程度打分，共分为5个等级：1分为不重要，2分为一般，3分为重要，4分为较重要，5分为非常重要。得分越高说明该指标在大学生水域安全技能等级评价中的重要程度越高，而标准差越低说明该指标被认可的一致性越高。原则上认为，平均得分低于3.0或标准差高于1.0的指标在大学生水域安全技能等级评价中的重要程度较低，应剔除。基于这一原则，在初选的两项1级指标中，初步确定了两项指标；在初选的30项2级指标中，初步确定了29项指标；在初选的6项3级指标中，初步确定了5项指标（见表5－4）。

表 5-4　　　　　《大学生水域安全技能等级标准》
初选评价指标问卷筛选结果及分值一览表

指标	X	SD	指标	X	SD	指标	X	SD
备选1级指标			组合游**	4.48	0.66	心肺复苏**	4.75	0.61
游泳技能**	4.30	0.52	蘑菇头漂*	4.09	0.84	损伤急救*	4.69	1.03
救生技能**	4.81	0.63	水母漂**	3.51	0.83	备选3级指标		
备选2级指标			十字漂**	3.81	0.95	动作实效性**	4.10	0.63
有节奏呼吸*	3.87	1.02	仰漂**	4.38	0.63	动作协调性*	2.86	0.77
交替打腿**	3.15	0.56	抽筋自解**	4.78	0.59	耐力素质**	4.32	0.49
俯卧漂浮**	3.96	0.39	浮具制作**	3.18	0.58	动作力量变化**	3.30	1.12
仰卧漂浮**	4.21	0.59	伸够辅助物救助**	4.30	0.63	动作质量**	3.82	0.45
俯卧游进**	4.18	0.95	扔掷辅助物救助**	4.00	0.55	位移速度**	3.86	0.85
蛙泳**	4.96	0.17	个人手援救助**	4.66	0.59			
自由泳**	4.78	0.41	团体手援救助**	3.27	0.97			
侧泳**	4.03	0.58	入水**	3.87	0.75			
踩水呼救**	4.20	0.61	接近**	4.50	0.63			
潜泳	4.06	1.14	拖带**	4.78	0.41			
仰泳**	3.63	0.92	上岸**	4.15	0.83			
速度游**	3.96	0.39	解脱**	4.87	0.42			

注：* 表示经筛选后初步选定的指标；** 表示专家对初步选定的指标论证后最终确定的指标。

（3）等级评价指标的权重确定

对 16 名国内从业资深的救生教练、水域安全专家进行评价指标权重问卷调查，以确定 1 级、2 级和 3 级各评价指标的重要性。按照确定评价指标权重的顺序，先确定 1 级指标的权重，再依次确定 2 级和 3 级的指标权重。

首先，由 15 名专家按照"指标排序法"对各指标进行序号填写，得出各指标的重要程度。分别计算每一个指标的序号频数 Fn 值，再将各指标的 Fn 值求和，即 ΣFn，从而计算每个指标的权重即 Fn/ΣFn。为了确保评价指标权重在理论与实践中尽可能达成一致，专家对其结果再次论证，使各指标得以调整和修改（见表 5-5）。

表 5-5 　　　　《大学生水域安全技能等级标准》
1 级指标权重问卷结果及调整权重一览表

等级	权重	游泳技能	救生技能
初级	计算权重	55.3	44.7
	调整权重	55.0	45.0
中级	计算权重	49.6	50.4
	调整权重	50.0	50.0
高级	计算权重	44.8	55.2
	调整权重	45.0	55.0

其次，通过"特尔菲法"确定 2 级指标的权重，同样将问卷的结果进行反复论证并做出必要的修正。

最后，3 级指标实际上是由客观指标的实际得分与主观指标的赋分组成的。根据专家问卷的结果表明，初级、中级和高级 3 个等级的主、客观指标的权重存在差异（见表5-6）。为了确保这种差异尽可能与实际符合，经过专家进一步论证，对比例进行了调整。

表 5-6 　　　　《大学生水域安全技能等级标准》
3 个等级指标权重问卷结果及调整权重一览表

客观指标/主观指标的权重比	50%/50%	60%/40%	70%/30%	80%/20%
初级		4	5*	7*△
中级	1	4*	8*△	3
高级	4	5*	6*△	1

注：* 表示专家问卷结果趋向的比例；△ 表示专家再次论证后最终确定的比例。

（4）建立评价指标体系

通过问卷筛选和专家论证，确立了两项 1 级指标、25 项 2 级指标和 63 项 3 级指标及相应的指标权重，并适当的分布在初级、中级和高级的评价序列中，最终形成了学生水域安全技能等级标准的评价指标体系（见表5-7）。

表5-7 《大学生水域安全技能等级标准》评价指标体系（指标与权重）一览表

初级评价指标体系			中级评价指标体系			高级评价指标体系		
1级指标	2级指标	3级指标	1级指标	2级指标	3级指标	1级指标	2级指标	3级指标
游泳技能(55)	交替打腿(12)	得分(9.6) 动作实效性(2.4)	游泳技能(50)	蛙泳(17)	25米不间歇游(11.9) 动作质量(2.6) 耐力素质(2.5)	游泳技能(45)	速度游(18)	25米最快时间(12.6) 动作质量(2.7) 位移速度(2.7)
	俯卧漂浮(10)	30秒脚不触池底(8) 动作实效性(2)		自由泳(10)	25米不间歇游(7) 动作质量(1.5) 耐力素质(1.5)		仰泳(14)	25米不间歇游(9.8) 动作质量(2.1) 耐力素质(2.1)
	仰卧漂浮(18)	30秒脚不触池底(14.4) 动作实效性(3.6)		侧泳(6)	25米不间歇游(4.2) 动作质量(0.9) 耐力素质(0.9)		组合游(13)	100米不间歇游(9.1) 动作质量(1.9) 耐力素质(2)
	俯卧游进(15)	25米不间歇游(12) 动作实效性(1.5) 耐力素质(1.5)		踩水呼吸(17)	1分钟不间歇(11.9) 动作实效性(2.5) 耐力素质(2.6)			

续表

初级评价指标体系

1级指标	2级指标	3级指标
救生技能(45)	水母漂(6)	30秒脚不触池底(4.8)
		耐力素质(1.2)
	十字漂浮(5)	30秒脚不触池底(4)
		耐力素质(1)
	仰漂(9)	30秒脚不触池底(7.2)
		耐力素质(1.8)
	抽筋自解(18)	得分(14.4)
		动作实效性(3.6)
	浮具制作(7)	得分(5.6)
		动作实效性(1.4)

中级评价指标体系

1级指标	2级指标	3级指标
救生技能(50)	抛掷辅助物救助(16)	成功组数(11.2)
		动作实效性(4.8)
	伸够辅助物救助(15)	成功组数(10.5)
		动作实效性(4.5)
	个人手援救助(19)	成功组数(13.3)
		动作实效性(5.7)

高级评价指标体系

1级指标	2级指标	3级指标
救生技能(55)	入水(3)	成功组数(2.1)
		动作实效性(0.9)
	接近(6)	成功组数(4.2)
		动作实效性(0.9)
		位移速度(0.9)
	拖带(6)	成功组数(4.2)
		动作质量(0.6)
		动作实效性(0.6)
		耐力素质(0.6)
	上岸(3)	成功组数(2.1)
	解脱(17)	成功组数(11.9)
		动作质量(2.5)
		动作实效性(2.6)
	心肺复苏(20)	成功组数(14)
		动作质量(3)
		动作实效性(3)

(5) 确立标准的单项指标得分

采用百分制与指标权重的计算方法确立单项指标的得分，即设定 1 级各项指标分值总合为 100 分，再根据专家权重问卷的结果，获得 1 级各项指标的权重，然后用总分（100 分）乘以 1 级指标各自的权重所获取的分值即为 1 级各项指标的得分。同样，根据专家赋予 2 级各项指标的权重乘以相对应的 1 级指标的分数即为 2 级各项指标的得分。当各项指标均达到最高水平时，总分为 100 分。例如，当初级的各指标都达到 3 级，中级各指标都达到 6 级，高级各项指标均达到 9 级时，总分为 100 分。此时，它们各项指标的得分就是该项指标的权重系数。其他等级的各项指标根据本书的需要，具体将 3 个等级的中位水平（2 级、5 级、8 级）单项指标得分设定为其权重系数的 80%；将处于低位水平（1 级、4 级、7 级）的各项指标得分规定为其权重系数的 60%，具体上述各单项指标的分数见"附录二"第五部分大学水域安全分层考核细则及其评分标准。

(6) 级位标准的设定与评价标准的使用

合理设定各级位划分标准的步骤是：首先将所有被试者水域安全技能的总分逐一计算出来；其次把各等级的总分按照升降序的方式进行有序排列，并观察这些数值的分布规律；最后再结合本书在制定标准时所遵循的区分界值比例的设想即可得出划分各级位的标准（见表 5-8）。评价标准的使用方法是：先根据指标的实测值找出相对应的评分标准表获得单项指标的得分，再将每项指标的得分相加即视为水域安全技能的总分。

表 5-8 《大学生水域安全技能等级标准》评价级位划分标准一览表

级位	初级				中级				高级			
	无级	1	2	3	降级	4	5	6	降级	7	8	9
得分	小于 40.0	40.0 至 59.9	60.0 至 79.9	大于 80.0	小于 40.0	40.0 至 59.9	60.0 至 79.9	大于 80.0	小于 40.0	40.0 至 59.9	60.0 至 79.9	大于 80.0

(7) 评价标准的检验

通过"内回代"的方法对评价标准的准确度进行验证，即先输入 486

名被试者的测试数据并结合对照评分标准表查找出单项指标的得分,再将各单项指标得分合计获得总得分,然后依据级位的划分标准获取每位受试者的实际级位,通过 SPSS 对全部受试者的实际级位与预估级位两个变量做相关性分析,得出相关系数 $r=0.82$ ($P<0.01$),说明由评价标准获得的数据结果与凭借教练员经验获得的评价结果高度相关。因此该标准能准确反映大学生的水域安全技能水平,能应用于大学生水域安全技能的等级评价。其中大学生水域安全初级技能包括游泳技能、浮具制作、抽筋自解、自救漂浮;大学生水域安全中级技能包括游泳技能、踩水呼救、岸上救助、手援救助;大学生水域安全高级技能包括游泳技能、解脱技能、损伤急救、现场赴救。

(二) 实验程序

1. 前测

实验 1 班和对照 1 班均参加前测,测试内容为水域安全知识、水域安全技能(游泳技能、浮具制作、抽筋自解、自救漂浮)、水域安全态度和水域高危行为。

实验 2 班和对照 2 班均参加前测,测试内容为水域安全知识、水域安全技能(游泳技能、踩水呼救、岸上救助、手援救助)、水域安全态度和水域高危行为。

实验 3 班和对照 3 班均参加前测,测试内容为水域安全知识、水域安全技能(游泳技能、解脱技能、损伤急救、现场赴救)、水域安全态度和水域高危行为。

2. 实验处理

(1) 水域安全初级教育模式的实验处理

实验 1 班和对照 1 班学生的教学课程均由同一位游泳教师执教,学生不知道正在进行实验,以防止霍桑效应。教学地点、教学时数及考核方式等均相同;所不同的是,对照 1 班按照传统游泳教学(即游泳技能教学模式,包括水上水中安全教育、蹬边滑行、水中换气、蛙泳泳姿模仿、学习、游进、考核等)内容安排进度进行,实验 1 班按照水域安全初级教育模式内容安排进度(包含水域安全知识和水域安全技能教学大纲)进行。

水域安全初级教育从第 2 学期第 14 周开始到第 17 周结束,共 4

周,每周3次课,每次90分钟,将水域安全知识和水域安全技能融入游泳教学中。实验1班的教学课程由1名研究者和1名游泳教师配合完成。实验前,研究者对游泳教师开展实验培训,帮助其明确实验目的、操作程序及其注意事项;实验中,研究者和体育教师保持及时的交流与沟通,根据游泳课的教学进度联合制定教案,并根据学生训练效果的即时反馈合理调整教学的组织,以控制体育教师在实验过程中的实验偏向。水域安全初级教育模式以"安全涉水、求生自救"作为教学目标,落实到水域安全知识和水域安全技能两个具体的教学内容中(见图 5-1)。

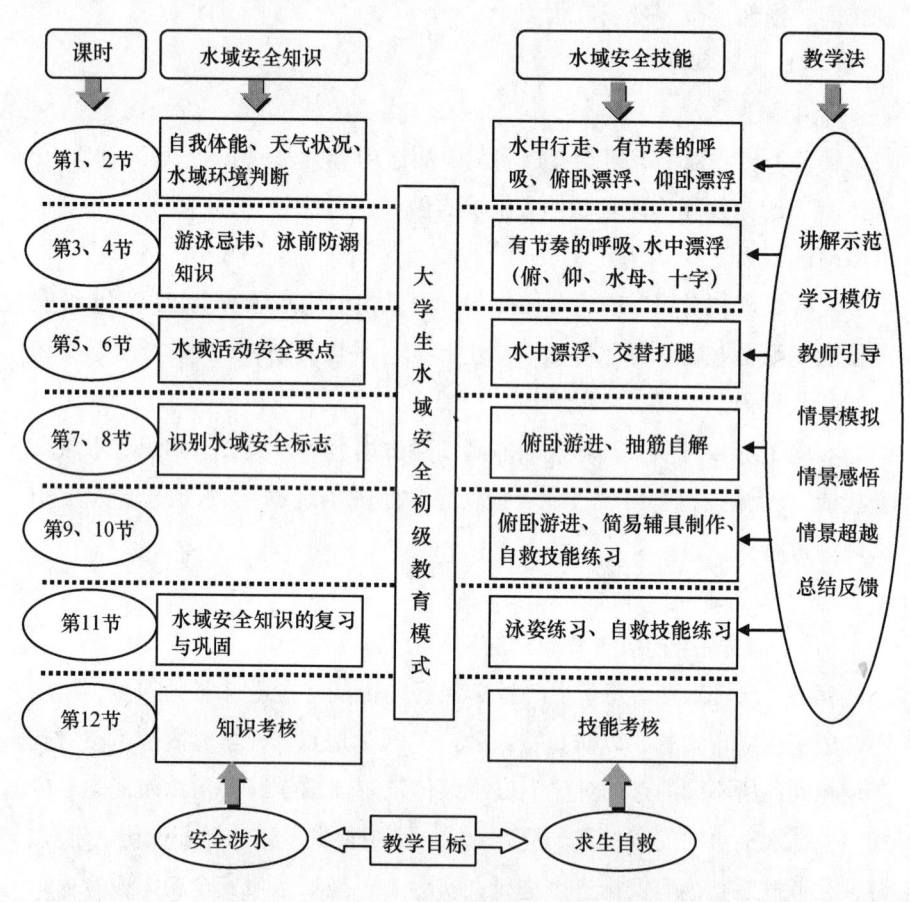

图 5-1 大学生水域安全初级教育模式实验计划图

水域安全知识（10课时）：由初级水域安全知识构成，穿插在每一次课的理论讲解部分，帮助学生增强对水域安全的正确态度。其中包括自我体能、天气状况、水域环境判断知识（第1、2节），游泳忌讳、泳前防溺知识（第3、4节），水域活动安全要点（第5、6节），识别水域安全标志（第7、8节）和水域安全知识的复习与巩固（第11节）。

水域安全技能（12课时）：包括游泳技能（有节奏的呼吸、交替打腿、俯卧漂浮、仰卧漂浮、俯卧游进）和自救技能（蘑菇头漂浮、水母漂、十字漂浮、仰漂、抽筋自解、浮具制作）两大板块，每个板块的内容根据难易顺序和游泳学习的规律，组合成适当的教学内容形成12课时。

（2）水域安全中级教育模式的实验处理

实验2班和对照2班学生的教学课程均由同一位游泳教师执教，学生不知道正在进行实验，以防止"霍桑效应"。教学地点、教学时数及考核方式等均相同；所不同的是，对照2班按照传统游泳教学内容（即游泳技能教学模式，包括水上水中安全教育、蛙泳游进、考核、自由泳模仿、换气、游进、考核等）安排进度进行，实验2班按照水域安全中级教育模式内容安排进度（包含水域安全知识和水域安全技能教学大纲）进行。

水域安全中级教育从第1学期第2周开始到第5周结束（因考虑天气状况、缺乏恒温泳池、以往教学集中时间授课等诸多因素），共4周，每周3次课，每次90分钟，将水域安全知识和水域安全技能融入游泳教学中。实验2班的教学课程由1名研究者和1名游泳教师配合完成。实验前，研究者对游泳教师开展实验培训，帮助其明确实验目的、操作程序及其注意事项；实验中，研究者和体育教师保持及时的交流与沟通，根据游泳课的教学进度联合制定教案，并根据学生训练效果的即时反馈合理调整教学的组织，以控制体育教师在实验过程中的实验偏向。水域安全中级教育模式以"冷静应对、巧救智援"作为教学目标，落实到水域安全知识和水域安全技能两个具体的教学内容中（见图5-2）。

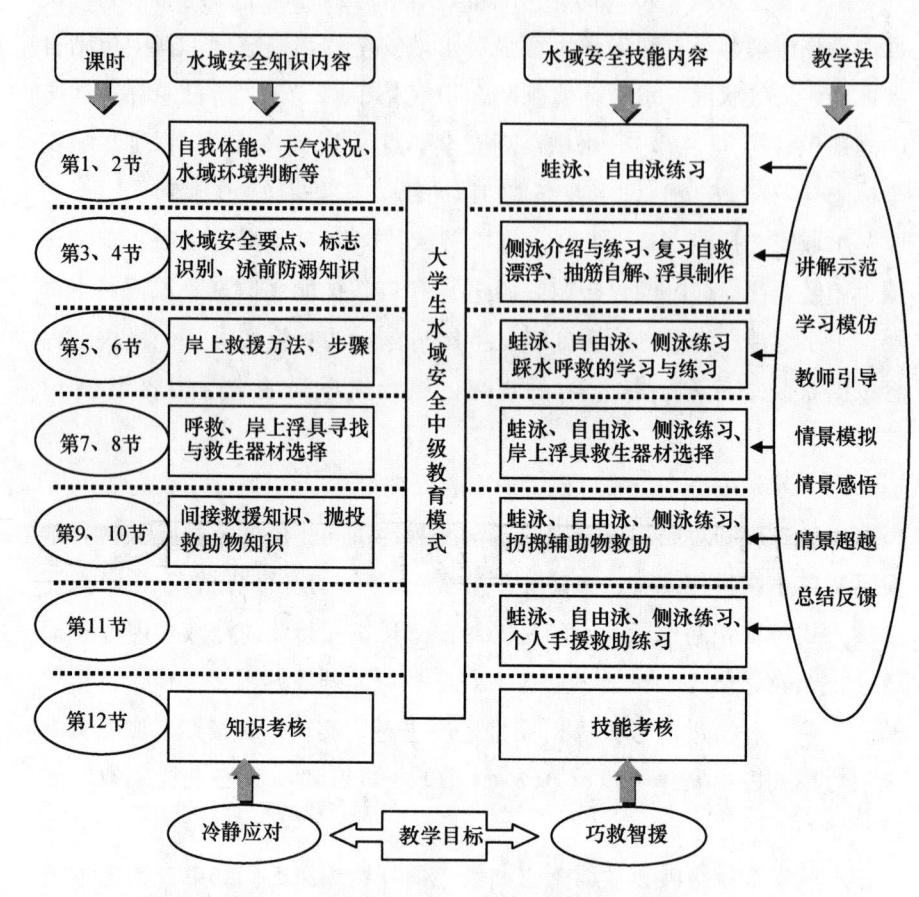

图 5-2 大学生水域安全中级教育模式实验计划图

水域安全知识（10 课时）：由中级水域安全知识构成，穿插在每一次课的理论讲解部分，帮助学生树立良好的自救与间接救溺知识。其中第 1、2 节课讲授水域基本常识和溺水者状态识别：包括自我体能、天气状况、水域环境判断知识；第 3、4 节课讲授水域活动安全要点、识别水域安全标志和泳前防溺知识；第 5、6 节课分析以往溺水案例并总结优先选择岸上救援方法、岸上救助步骤；第 7、8 节课讲授呼救、寻找浮具知识和岸上救生器材的选择；第 9、10 节课讲授间接救援知识、抛投救助物知识。知识模块在巩固初级教育模式知识的基础上，累加岸上救助、手援救助等间接救援知识，力求实现培养学生"冷静应对"

的知识目标。

水域安全技能（12课时）：包括游泳技能（蛙泳、自由泳、侧泳）、自救技能（踩水呼救、自救漂浮、抽筋自解、浮具制作）和救生技能（扔掷辅助物救助、伸够辅助物救助、个人手援救助）3大板块，每个板块的内容根据难易顺序和游泳学习的规律，组合成适当的教学内容形成12课时。技能模块除了巩固游泳技能和自救技能以外，还重点练习踩水呼救、岸上救助、手援救助等实用的自救与救援技能，力求实现培养学生"巧救智援"的技能目标。

（3）水域安全高级教育模式的实验处理

实验3班和对照3班学生的教学课程均由同一位游泳教师执教，学生不知道正在进行实验，以防止"霍桑效应"。教学地点、教学时数及考核方式等均相同。所不同的是，对照3班按照传统游泳教学（即游泳技能教学模式，包括蛙泳游进、自由泳游进、间接救援、直接救援、损伤急救等）内容安排进度进行，实验3班按照水域安全高级教育模式内容安排进度（包含水域安全知识和水域安全技能教学大纲）进行。

水域安全教育从第1学期第5周开始到第8周结束（恒温泳池），共4周，每周3次课，每次90分钟，将水域安全知识和水域安全技能融入游泳教学中。实验3班的教学课程由1名研究者和1名游泳教师配合完成。实验前，研究者对游泳教师开展实验培训，帮助其明确实验目的、操作程序及其注意事项；实验中，研究者和体育教师保持及时的交流与沟通，根据游泳课的教学进度联合制定教案，并根据学生训练效果的即时反馈合理调整教学的组织，以控制体育教师在实验过程中的实验偏向。水域安全高级教育模式以"合理处置、胜任救援"作为教学目标，落实到水域安全知识和水域安全技能两个具体的教学内容（见图5-3）。

水域安全知识（10课时）由水域安全知识构成，穿插在每一次课的理论讲解部分，帮助学生掌握良好的自救与直接救溺知识。其中第1、2节课讲授水域基本常识和溺水者状态识别：包括自我体能、天气状况、水域环境判断知识、游泳忌讳、水域活动安全要点、识别水域安

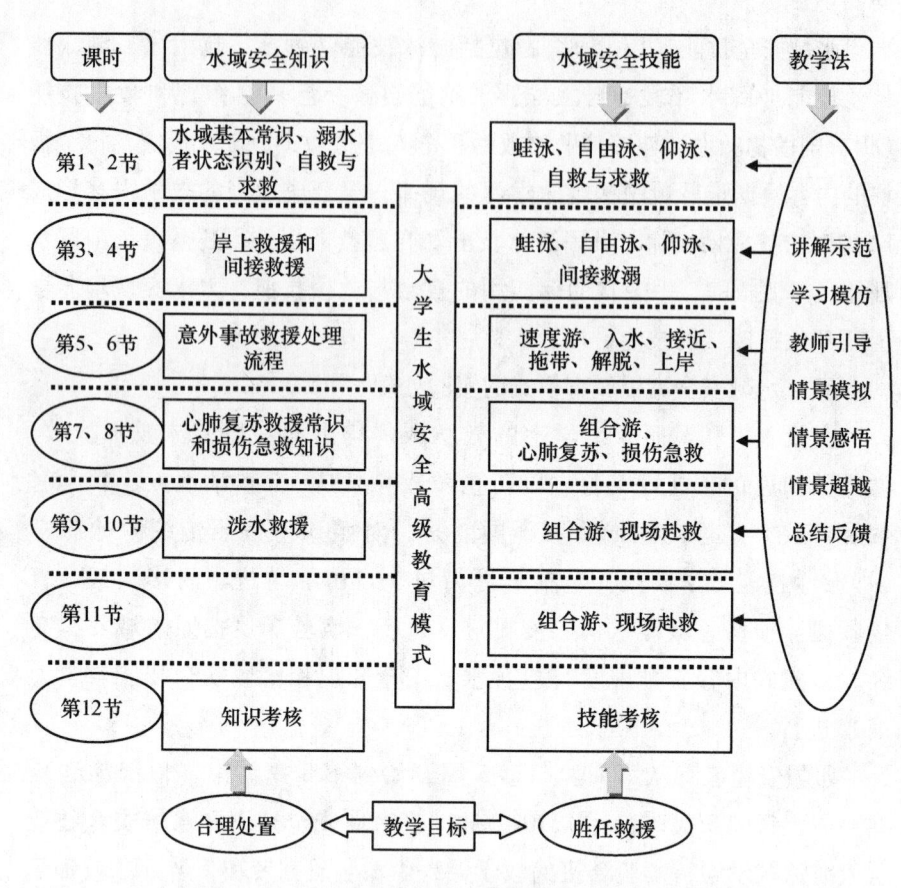

```
┌────┐  ┌──────────┐              ┌──────────┐   ┌──────┐
│课时│  │水域安全知识│              │水域安全技能│   │教学法│
└─┬──┘  └────┬─────┘              └────┬─────┘   └──┬───┘
  ▼          ▼                          ▼             ▼
┌─────┐ ┌──────────┐              ┌──────────┐
│第1、2节│ │水域基本常识、│              │蛙泳、自由泳、仰泳、│◄──┐
│     │ │溺水者状态识别、│              │自救与求救│       │
│     │ │自救与求救│              │          │       │
└─────┘ └──────────┘              └──────────┘       │
┌─────┐ ┌──────────┐    大      ┌──────────┐       │ 讲解示范
│第3、4节│ │岸上救援和│    学      │蛙泳、自由泳、仰泳、│◄──┤ 学习模仿
│     │ │间接救援│    生      │间接救溺│       │ 教师引导
└─────┘ └──────────┘    水      └──────────┘       │ 情景模拟
┌─────┐ ┌──────────┐    域      ┌──────────┐       │ 情景感悟
│第5、6节│ │意外事故救援处理│    安      │速度游、入水、接近、│◄──┤ 情景超越
│     │ │流程│         全      │拖带、解脱、上岸│       │ 总结反馈
└─────┘ └──────────┘    高      └──────────┘       │
┌─────┐ ┌──────────┐    级      ┌──────────┐       │
│第7、8节│ │心肺复苏救援常识│    教      │组合游、│◄──────┤
│     │ │和损伤急救知识│    育      │心肺复苏、损伤急救│       │
└─────┘ └──────────┘    模      └──────────┘       │
┌─────┐ ┌──────────┐    式      ┌──────────┐       │
│第9、10节│ │涉水救援│              │组合游、现场赴救│◄──────┤
└─────┘ └──────────┘              └──────────┘       │
┌─────┐                           ┌──────────┐       │
│第11节│                           │组合游、现场赴救│◄──────┘
└─────┘                           └──────────┘
┌─────┐ ┌──────────┐              ┌──────────┐
│第12节│ │知识考核│              │技能考核│
└─────┘ └────┬─────┘              └────┬─────┘
             ▲                          ▲
       ┌─────┴─────┐  教学目标  ┌─────┴─────┐
       │合理处置│◄─────────►│胜任救援│
       └───────────┘            └───────────┘
```

图 5-3 大学生水域安全高级教育模式实验计划图

注：现场赴救指静水中的池岸救援，不涉及海浪、江河等。

全标志、泳前防溺知识；第 3、4 节课分析以往溺水案例并总结优先选择岸上救援方法、岸上救助步骤、呼救、寻找浮具知识、岸上救生器材的选择、间接救援知识；第 5、6 节课讲授意外事故救援处理流程、水中意外自救与求救、水中受伤自救与求救、抛投救助物技能；第 7、8 节课讲授心肺复苏救援常识、损伤急救知识；第 9、10 节课讲授涉水救援。知识模块在巩固初级与中级教育模式知识的基础上，累加损伤急救、现场赴救等直接救援的知识，力求实现培养学生"合理处置"的知识目标。

水域安全技能（12 课时）：包括游泳技能（蛙泳、自由泳、仰泳、速度游、组合游）和救溺技能（间接救溺内容、入水、接近、拖带、解脱、上岸、心肺复苏、损伤急救）两大板块，每个板块的内容根据难易顺序和游泳学习的规律，组合成适当的教学内容形成 12 课时。技能模块除了巩固游泳技能外，还重点培养解脱技能、损伤急救、现场赴救等实用的救援技能，力求实现培养学生"胜任救援"的技能目标。

根据研究者与游泳教师对教学进度的安排，研究者与游泳教师实时保持沟通，提前一周提交教案，反复交流修订至确定最终教案。具体教学过程包括引导、课程目标和内容宣布、情景营造、探究学习、集体分享、老师点评示范、情景模拟（学生模仿练习）、情景感悟（学生反思联想）、老师引导总结、情景超越（实践与应用）、总结反馈等环节，各环节制定相应的时间长度，以保证活动有序、完整地进行。

3. 后测

各实验班与对照班均参与后测，测试内容与前测相同。

4. 延时测定

延时测定考察水域安全知识、水域安全技能训练效果的持续性，在完成干预 3 个月后进行，为消除被试者的定向与期望效应，测试由未参加教学实验的老师进行。实验班和对照班均参与延时测定，测试内容与前测、后测相同。

第三节　研究结果

一　大学生水域安全初级教育模式的教学效果分析

为检验大学生水域安全初级教育模式的教学是否能够对实验 1 班的学生产生有效作用，对实验 1 班和对照 1 班教学前后测的得分进行描述性统计及重复测量的方差分析，结果见表 5-9：

表 5-9 大学生水域安全初级教育模式前后测的描述统计和重复测量差异检验表

		安全知识	游泳技能	安全技能 浮具制作	安全技能 抽筋自解	安全技能 自救漂浮	安全态度	高危行为
实验前	实验1班 (M±SD) 男生	2.450±0.330	29.670±20.330	5.070±4.850	4.470±3.890	5.330±3.580	3.210±0.340	3.810±0.380
	实验1班 (M±SD) 女生	2.540±0.280	24.070±21.760	5.330±4.150	3.730±2.920	4.930±3.430	3.300±0.190	3.440±0.310
	实验1班 (M±SD) 总体	2.490±0.300	26.870±20.890	5.200±4.440	4.100±3.400	5.130±3.450	3.260±0.270	3.620±0.390
	对照1班 (M±SD) 男生	2.580±0.280	29.070±17.750	4.270±3.830	3.400±2.720	5.470±3.310	3.270±0.250	3.700±0.360
	对照1班 (M±SD) 女生	2.390±0.360	19.870±20.960	4.470±5.320	4.270±4.990	3.470±3.500	3.270±0.260	3.360±0.210
	对照1班 (M±SD) 总体	2.490±0.320	24.470±19.650	4.370±4.550	3.830±3.980	4.470±3.500	3.270±0.250	3.530±0.340
实验后	实验1班 (M±SD) 男生	3.880±0.550	64.930±18.920	18.130±7.200	18.200±8.120	11.530±3.040	1.890±0.330	1.930±0.260
	实验1班 (M±SD) 女生	3.900±0.510	57.470±23.410	17.400±3.070	21.400±6.940	11.930±2.340	2.180±0.340	1.870±0.290
	实验1班 (M±SD) 总体	3.890±0.520	61.200±21.250	17.770±5.450	19.800±7.600	11.730±2.680	2.040±0.340	1.900±0.270
	对照1班 (M±SD) 男生	2.610±0.330	39.730±14.430	5.130±4.020	3.670±2.800	5.530±2.900	3.240±0.250	3.550±0.200
	对照1班 (M±SD) 女生	2.460±0.390	38.530±11.480	4.270±5.270	4.330±4.980	3.600±3.700	3.360±0.220	3.330±0.190
	对照1班 (M±SD) 总体	2.530±0.360	39.130±12.830	4.700±4.630	4.000±3.980	4.570±3.410	3.300±0.240	3.440±0.230
时间主效应 (P值)		0.000	0.000	0.000	0.000	0.000	0.000	0.000
组别主效应 (P值)		0.000	0.001	0.000	0.000	0.000	0.000	0.000
性别主效应 (P值)		0.447	0.716	0.279	0.750	0.101	0.616	0.000
时间×组别的交互效应 (P值)		0.000	0.005	0.000	0.000	0.000	0.000	0.000
时间×性别的交互效应 (P值)		0.857	0.378	0.312	0.561	0.716	0.673	0.034
组别×性别的交互效应 (P值)		0.106	0.132	0.800	0.955	0.101	0.473	0.537
时间×组别×性别的交互效应 (P值)		0.712	0.540	0.263	0.985	0.758	0.123	0.342

表 5-9 中的数据表明,时间与组别的交互效应在各维度得分上均达到了非常显著性的水平（$P<0.010$）；性别主效应在高危行为维度得分上达到了非常显著性的水平（$P<0.010$）；时间和性别的交互效应在高危行为维度得分上达到了显著性水平（$P<0.050$）。

时间与组别的交互效应具有统计学意义,因此,分析时间与组别各自的主效应有无统计学意义已无根本意义或实用价值。而时间和性别的交互效应在高危行为维度得分达到显著性的水平,则需进一步分析交互作用的简单效应,来揭示时间和性别在高危行为维度得分的意义,结果见表 5-10：

表 5-10　　高危行为和时间、性别交互作用的简单效应检验表

			性别与组别			
			对照 1 班男女学生间	实验 1 班男女学生间	实验 1 班、对照 1 班男学生	实验 1 班、对照 1 班女学生
高危行为	前测	均值差	0.360	0.377	0.023	0.079
		P 值	0.004	0.006	0.408	0.414
	后测	均值差	0.218	0.055	1.624	1.461
		P 值	0.006	0.593	0.000	0.000

注：表中数值均为 P 值。

表 5-10 中的数据表明,在高危行为维度得分上,前测时,性别差异在对照 1 班（$P<0.010$）和实验 1 班（$P<0.010$）的简单效应均达到非常显著性的水平,男学生得分明显高于女学生,说明在水域高危行为得分上,男女性别差异显著。此外,两个组男学生的简单效应均未达到显著性的水平,两个组女学生的简单效应也未达到显著性的水平（$P>0.050$）,说明实验分组基本同质。

后测时,性别差异在实验 1 班的简单效应均未达到显著性的水平（$P>0.050$）,说明经过干预后,男学生水域高危行为的消失幅度大于女学生。此外,男学生实验 1 班与对照 1 班的高危行为的简单效应均达到了

非常显著性的水平（P<0.010），女学生实验1班与对照1班高危行为的简单效应也均达到了非常显著性水平（P<0.010），说明教学实验干预，明显改善了实验1班男女学生的高危行为，且效果优于对照1班。

为明确实验处理的效应，进一步对大学生水域安全初级教育模式各维度得分时间与组别的交互作用进行简单效应分析，显著性的检验结果见表5-11：

表5-11 大学生水域安全初级教育模式时间与组别交互作用的简单效应检验表

		安全知识	安全技能					安全态度	高危行为
			游泳技能	浮具制作	抽筋自解	自救漂浮		
被试间	实验1班前测对照1班前测之间	0.923	0.648	0.476	0.781	0.461	0.820	0.310
	实验1班后测对照1班后测之间	0.000	0.000	0.000	0.000	0.000	0.000	0.000
被试内	实验1班前测和后测之间	0.000	0.000	0.000	0.000	0.000	0.000	0.000
	对照1班前测和后测之间	0.420	0.000	0.057	0.370	0.669	0.491	0.086

表5-11中的数据表明，大学生水域安全初级教育模式各维度得分被试间变量（组别）在被试内变量第一水平（前测）上的简单效应均未达到显著性的水平（P>0.050），但在被试内变量第二个水平（后测）上的简单效应均达到了非常显著性的水平（P<0.010）。说明，教学前，实验1班与对照1班基本同质，教学后，组别之间出现了显著性差异，实验1班明显优于对照1班；被试内变量（时间）在被试间变量第一个水平（实验1班）上的简单效应均达到了非常显著性的水平（P<0.010），但是在被试间变量第二个水平（对照1班）上的简单效应（除了游泳技能维度P<0.010外）均未达到显著性水平（P>0.050），即教学前后，实验1班在水域安全教育各维度得分上出现了显著性差异，实验后得分明显高于实验前得分；对照1班

的教学显著提高了游泳技能,而在其他方面无实质提高。可见,大学生水域安全初级教育模式的教学效果显著。

二 大学生水域安全初级教育模式的教学后效分析

为测定大学生水域安全初级教育模式教学效果的持续性,对实验1班和对照1班大学生水域安全初级教育各维度得分延时测定结果进行多因素方差分析,结果见表5-12(见第124页)所示,组别差异在各维度得分上均达到非常显著性的水平($P<0.010$),性别差异(除高危行为维度得分),组别与性别的交互效应均未达到显著性的水平($P>0.050$)。说明,实验1班较对照1班仍然具有较高的水域安全能力,大学生水域安全初级教育模式的教学效果具有一定的持续性,验证和支持了本书的第2假设。

为进一步直观展示实验前后实验1班、对照1班各因素的变化情况,特绘制图5-4对比实验1班和对照1班在水域安全知识、水域安全技能因素上前后测的实验效果和延时测定的效果保持,绘制图5-5对比实验1班和对照1班在水域安全态度、水域高危行为因素上前后测的实验效果和延时测定的效果保持,证明第1假设和第2假设成立。

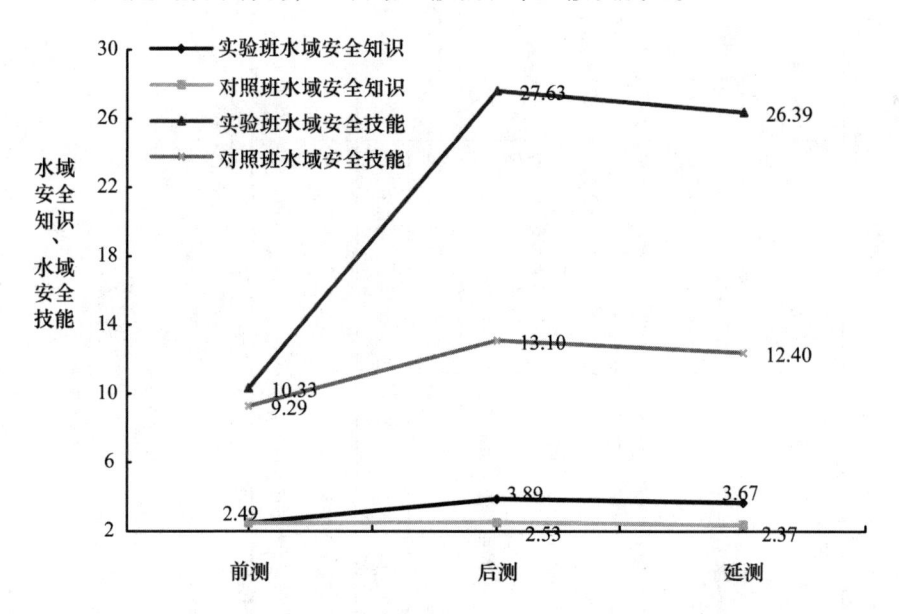

图5-4 大学生水域安全知识、水域安全技能变化图

表5-12 大学生水域安全初级教育模式延时测定的描述统计和多因素方差分析表

		安全知识	安全技能				安全态度	高危行为
			游泳技能	浮具制作	抽筋自解	自救漂浮		
实验1班（M±SD）	男生	3.660±0.480	63.600±18.320	16.800±6.570	16.870±7.290	10.470±3.090	1.970±0.380	1.940±0.280
	女生	3.680±0.630	56.130±22.710	16.070±3.390	20.070±5.990	11.130±2.850	2.310±0.350	1.840±0.350
	总体	3.670±0.550	59.870±20.630	16.430±5.150	18.470±6.760	10.800±2.940	2.140±0.360	1.890±0.310
对照1班（M±SD）	男生	2.410±0.380	38.470±14.040	4.870±3.720	3.470±2.390	5.330±2.660	3.210±0.240	3.600±0.220
	女生	2.330±0.420	37.200±10.690	3.530±4.390	3.330±3.460	3.070±3.080	3.320±0.230	3.360±0.180
	总体	2.370±0.400	37.830±12.280	4.200±4.060	3.400±2.920	4.200±3.060	3.270±0.240	3.480±0.240
组别主效应（P值）		0.000	0.000	0.000	0.000	0.000	0.000	0.000
性别主效应（P值）		0.826	0.326	0.255	0.397	0.294	0.973	0.016
组别×性别的交互效应（P值）		0.693	0.484	0.217	0.805	0.057	0.151	0.279

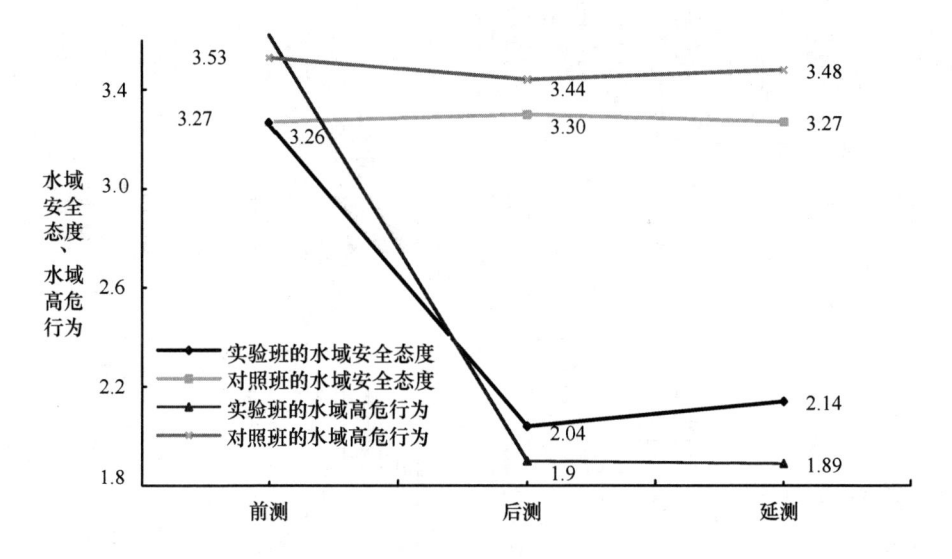

图 5-5 大学生的水域安全态度、水域高危行为变化图

三 大学生水域安全中级教育模式的教学效果分析

为检验大学生水域安全中级教育模式教学是否能够对实验 2 班的学生产生有效作用，对实验 2 班和对照 2 班大学生水域安全中级教育模式教学前后测得分进行重复测量的方差分析，显著性的检验结果见表 5-13。

表 5-13 中的数据表明，时间与组别的交互效应在游泳技能维度得分达到了显著性的水平（F = 5.256，P = 0.024，η_p^2 = 0.045），其他各维度得分均达到了非常显著性的水平（P < 0.010）；性别主效应在高危行为维度得分上达到了非常显著性水平（F = 18.343，P = 0.000，η_p^2 = 0.141）；时间和性别的交互效应在高危行为维度得分上达到了显著性水平（F = 4.459，P = 0.037，η_p^2 = 0.038）。

时间与组别的交互效应具有统计学意义，因此，分析时间与组别各自的主效应有无统计学意义已无根本意义或实用价值。而时间和性别的交互效应在高危行为维度得分达到显著性水平，需进一步分析交互作用的简单效应，来揭示时间和性别在高危行为维度的得分意义，结果见表 5-14（见第 127 页）。

表5-13 大学生水域安全中级教育模式前后测的描述统计和重复测量差异检验表

| | | 安全知识 | 安全技能 |||| 安全态度 | 高危行为 |
			游泳技能	踩水呼吸	岸上救助	手援救助		
实验前	实验2班 男生 (M±SD)	2.870±0.360	28.930±4.280	10.800±2.420	20.530±1.130	19.400±2.320	2.950±0.250	3.960±0.300
	女生	2.830±0.410	29.130±4.260	10.470±3.110	20.070±1.340	19.330±2.020	2.970±0.190	3.450±0.270
	总体	2.850±0.380	29.030±4.200	10.630±2.670	20.300±1.240	19.370±2.140	2.960±0.220	3.710±0.380
	对照2班 男生 (M±SD)	2.84±0.440	28.13±4.090	10.67±2.190	20.40±1.120	19.60±3.400	2.96±0.200	3.90±0.250
	女生	2.770±0.400	28.600±3.290	10.330±2.060	20.330±1.350	19.270±3.110	2.950±0.240	3.450±0.570
	总体	2.810±0.410	28.370±3.650	10.500±2.100	20.370±1.220	19.430±3.200	2.960±0.220	3.670±0.490
实验后	实验2班 男生 (M±SD)	4.000±0.440	55.070±3.970	27.070±1.220	50.130±5.100	30.730±1.870	2.040±0.260	2.290±0.280
	女生	4.110±0.400	53.670±3.440	23.330±2.640	49.530±4.660	29.870±2.560	2.060±0.200	2.270±0.370
	总体	4.050±0.410	54.370±3.720	25.200±2.770	49.830±4.810	30.300±2.250	2.050±0.230	2.280±0.320
	对照2班 男生 (M±SD)	3.010±0.170	50.000±5.430	20.600±5.510	20.530±1.130	20.200±1.150	2.950±0.270	3.850±0.510
	女生	2.900±0.350	50.270±4.920	19.400±3.700	20.800±0.940	19.330±0.980	2.920±0.240	3.540±0.590
	总体	2.960±0.280	50.130±5.090	20.000±4.650	20.670±1.030	19.770±1.140	2.930±0.260	3.700±0.560
时间主效应（P值）		0.000	0.000	0.000	0.000	0.000	0.000	0.000
组别主效应（P值）		0.000	0.002	0.000	0.000	0.000	0.000	0.000
性别主效应（P值）		0.654	0.881	0.015	0.654	0.210	0.981	0.000
时间×组别的交互效应（P值）		0.000	0.024	0.000	0.000	0.000	0.000	0.000
时间×性别的交互效应（P值）		0.677	0.564	0.061	0.918	0.433	0.956	0.037
组别×性别的交互效应（P值）		0.362	0.536	0.264	0.513	0.875	0.657	0.438
时间×组别×性别的交互效应（P值）		0.512	0.654	0.264	0.809	0.875	0.870	0.262

表5-14　　高危行为和时间、性别交互作用的简单效应检验表

			性别与组别			
			对照2班 男女学生间	实验2班 男女学生间	实验2班、 对照2班男学生	实验2班、 对照2班女学生
高危 行为	前测	均值差	0.455	0.507	0.058	0.005
		P值	0.008	0.000	0.569	0.974
	后测	均值差	0.307	0.020	1.563	1.276
		P值	0.136	0.868	0.000	0.000

注：表中数值均为P值。

表5-14中的数据表明，在高危行为维度得分上，前测时，性别差异在对照2班（F=8.094, P=0.008）、实验2班（F=23.774, P=0.000）的简单效应均达到了显著性的水平，男学生得分明显高于女学生，说明在高危行为得分上，男女学生性别差异显著。此外，各组别男学生的简单效应均未达到显著性的水平，各组别女生的简单效应也未达到显著性的水平（P>0.050），说明实验分组基本同质。

后测时，性别差异在实验2班的简单效应均未达到显著性的水平（P>0.050），说明经过干预后，男学生水域高危行为的消失幅度大于女学生。此外，实验2班与对照2班男学生的高危行为的简单效应均达到了非常显著性的水平（F=110.112, P=0.000），实验2班与对照2班女生高危行为的简单效应也均达到了非常显著性的水平（F=50.899, P=0.000），说明教学实验干预，明显改善了实验2班男女学生的高危行为，且于对照2班（如图5-6所示）。

为明确实验处理的效应，进一步对大学生水域安全中级教育模式各维度得分时间与组别的交互作用进行简单效应分析，显著性检验结果见表5-15。

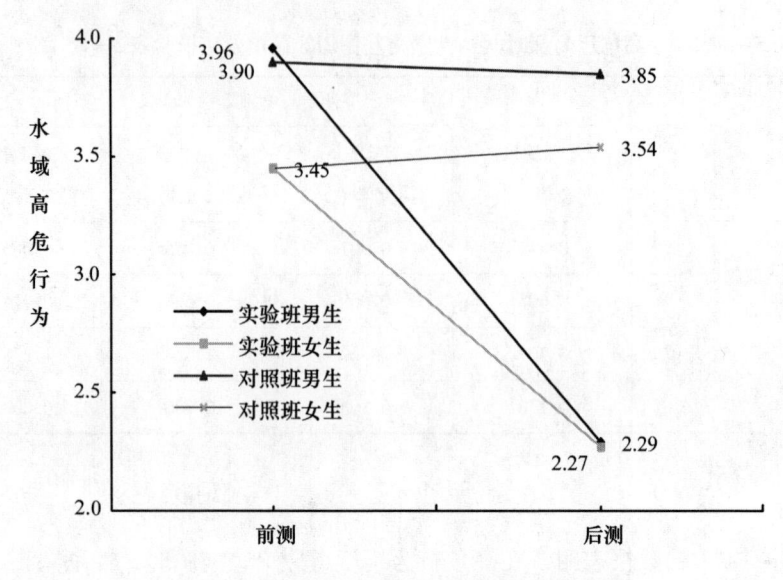

图 5-6　男女学生水域高危行为前后变化图

表 5-15　大学生水域安全中级教育模式时间与组别
交互作用的简单效应检验表

		安全知识	安全技能				安全态度	高危行为
			游泳技能	踩水呼救	岸上救助	手援救助		
被试间	实验2班、对照2班前测之间	0.681	0.514	0.830	0.834	0.925	0.981	0.780
	实验2班、对照2班后测之间	0.000	0.001	0.000	0.000	0.000	0.000	0.000
被试内	实验2班前测和后测之间	0.000	0.000	0.000	0.000	0.000	0.000	0.000
	对照2班前测和后测之间	0.124	0.000	0.000	0.184	0.608	0.328	0.815

表 5-15 中的数据表明，大学生水域安全中级教育模式各维度得分被试间变量（组别）在被试内变量第一水平（前测）上的简单效应均未达到显著性的水平（P>0.050），但在被试内变量第二个水平（后测）上的简单效应均达到了非常显著性的水平（P<0.010）。说明，教学前，实验2班

与对照2班基本同质；教学后，组别之间出现了显著差异，实验2班明显优于对照2班。被试内变量（时间）在被试间变量第一个水平（实验2班）上的简单效应均达到了非常显著性的水平（P<0.01），但是在被试间变量第二个水平（对照2班）上的简单效应（除了游泳技能和踩水呼救维度P<0.01外）均未达到显著性的水平（P>0.050），即教学前后，实验2班在水域安全教育各维度得分上出现了显著差异，实验后得分明显高于实验前得分；对照2班教学显著提高了游泳技能，而在其他方面无实质提高。可见，大学生水域安全中级教育模式的教学效果显著，验证和支持了本书的第1假设。

四 大学生水域安全中级教育模式的教学后效分析

为测定大学生水域安全中级教育模式教学效果的持续性，对实验2班和对照2班大学生水域安全中级教育各维度得分延时测定结果进行多因素方差分析，结果如表5-16所示。

组别差异在各维度得分上均达到非常显著性的水平（P<0.010），性别差异（除踩水呼救和高危行为维度得分），组别与性别的交互效应均未达到显著性的水平（P>0.050）。说明，实验2班较对照2班仍然具有较高的水域安全能力，大学生水域安全中级教育模式的教学效果具有一定的持续性，验证和支持了本书的第2假设。

为进一步直观展示实验前后实验班、对照班各因素的变化情况，特绘制图5-7（见第131页）、图5-8（见第131页）对比实验班和对照班在水域安全知识、水域安全技能因素上前后测的实验效果和延时测定的效果保持；绘制图5-9（见第131页）对比实验班和对照班在水域安全态度、水域高危行为因素上前后测的实验效果和延时测定的效果保持不变。

五 大学生水域安全高级教育模式的教学效果分析

为检验大学生水域安全高级教育模式教学是否能够对实验3班学生产生有效作用，对实验3班和对照3班大学生水域安全高级教育模式教学前后测得分进行重复测量的方差分析，显著性的检验结果见表5-17（见第132页）。

表5-16 大学生水域安全中级教育模式延时测定的描述统计和多因素方差分析表

		安全知识	安全技能				安全态度	高危行为
			游泳技能	踩水呼救	岸上救助	手援救助		
实验2班（M±SD）	男生	3.940±0.400	54.400±3.640	26.930±1.100	49.670±4.840	30.400±1.500	2.050±0.260	2.320±0.260
	女生	4.060±0.350	53.130±3.090	23.000±2.590	49.000±4.110	29.670±2.320	2.070±0.180	2.280±0.360
	总体	4.400±0.380	53.770±3.380	24.970±2.800	49.330±4.420	30.030±1.960	2.060±0.220	2.300±0.310
对照2班（M±SD）	男生	2.990±0.150	49.600±5.070	20.330±5.270	20.400±0.910	20.070±1.030	2.950±0.270	3.960±0.460
	女生	2.880±0.340	49.800±4.770	19.130±3.480	20.470±1.060	19.270±0.960	2.930±0.230	3.550±0.580
	总体	2.940±0.270	49.700±4.840	19.730±4.430	20.430±0.970	19.670±1.060	2.940±0.250	3.760±0.560
组别主效应（P值）		0.000	0.000	0.000	0.000	0.000	0.000	0.000
性别主效应（P值）		0.976	0.626	0.006	0.722	0.061	0.974	0.045
组别×性别的交互效应（P值）		0.183	0.504	0.132	0.664	0.934	0.730	0.096

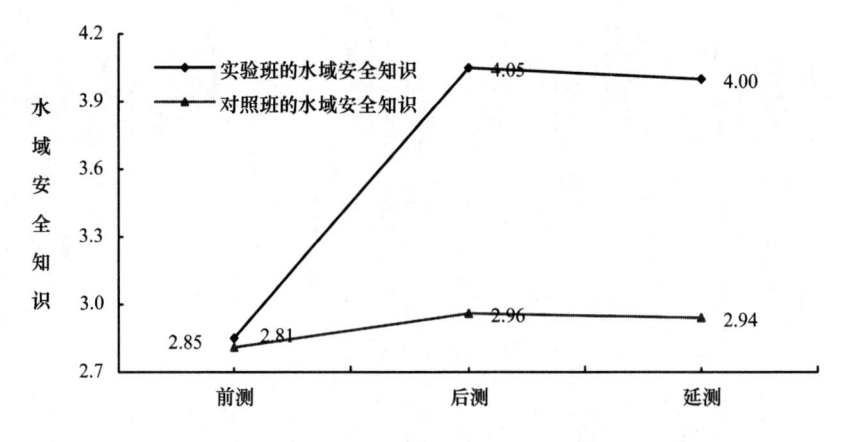

第五章　大学生水域安全分层教育模式的实验研究 / 131

图 5-7　大学生水域安全知识变化图

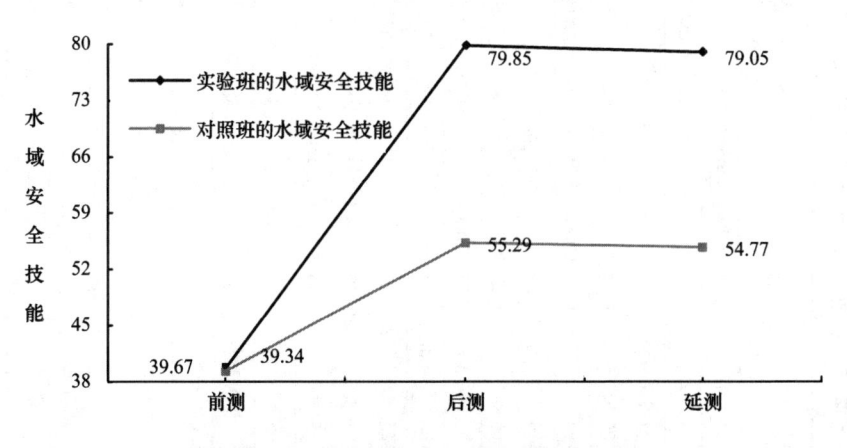

图 5-8　大学生水域安全技能变化图

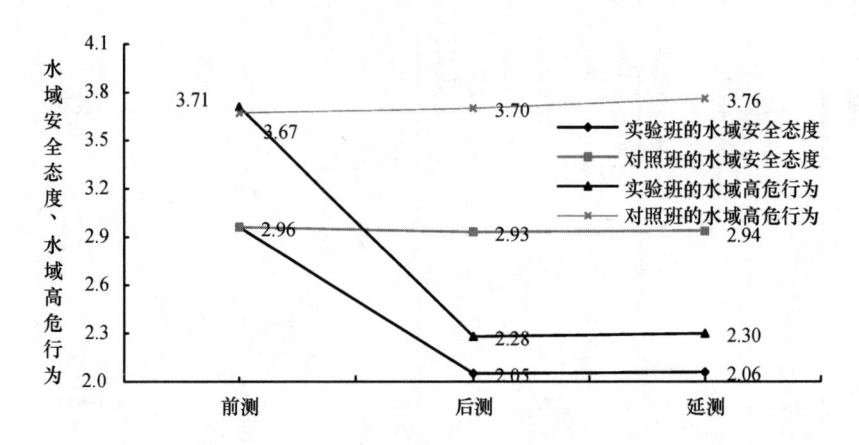

图 5-9　大学生的水域安全态度、水域高危行为变化图

表 5-17　大学生水域安全高级教育模式前后测的描述统计和重复测量差异检验表

			安全知识	游泳技能	解脱技能	安全技能 损伤急救	现场扰救	安全态度	高危行为
实验前	实验3班 (M±SD)	男生	3.020±0.340	64.650±5.190	14.600±2.140	19.950±1.050	19.250±0.970	2.890±0.300	3.800±0.400
		女生	3.250±0.120	65.000±4.780	14.800±1.880	20.100±1.450	19.600±1.170	2.960±0.210	3.390±0.310
		总体	3.090±0.300	64.770±4.980	14.670±2.020	20.000±1.170	19.370±1.030	2.910±0.270	3.660±0.410
	对照3班 (M±SD)	男生	3.180±0.270	64.350±3.760	14.150±1.570	19.950±1.400	19.300±1.080	2.950±0.230	3.780±0.400
		女生	2.900±0.330	64.100±4.120	13.600±0.970	20.200±1.550	19.000±1.050	2.930±0.300	3.150±0.340
		总体	3.090±0.320	64.270±3.810	13.970±1.400	20.030±1.430	19.200±1.060	2.940±0.250	3.570±0.480
实验后	实验3班 (M±SD)	男生	4.260±0.400	66.400±4.370	27.000±2.940	32.550±1.960	28.550±1.400	1.990±0.290	2.570±0.410
		女生	4.450±0.330	65.400±4.250	22.600±1.270	32.600±1.270	26.800±0.920	2.080±0.210	2.510±0.310
		总体	4.320±0.380	66.070±4.280	25.530±3.260	32.570±1.740	27.970±1.500	2.020±0.270	2.550±0.380
	对照3班 (M±SD)	男生	3.200±0.380	65.400±3.220	14.500±2.070	20.200±1.670	19.750±1.250	2.970±0.230	4.020±0.570
		女生	3.000±0.290	64.800±3.880	14.100±1.200	20.500±1.430	19.300±0.820	2.940±0.320	3.160±0.290
		总体	3.130±0.360	65.200±3.400	14.370±1.810	20.300±1.580	19.600±1.130	2.960±0.260	3.730±0.640
时间主效应 (P值)			0.000	0.236	0.000	0.000	0.000	0.000	0.000
组别主效应 (P值)			0.000	0.394	0.000	0.000	0.000	0.000	0.000
性别主效应 (P值)			0.830	0.647	0.001	0.524	0.015	0.590	0.000
时间×组别的交互效应 (P值)			0.000	0.903	0.000	0.000	0.000	0.000	0.000
时间×性别的交互效应 (P值)			0.881	0.604	0.005	0.966	0.011	0.998	0.701
组别×性别的交互效应 (P值)			0.001	0.951	0.038	0.766	0.459	0.345	0.002
时间×组别×性别的交互效应 (P值)			0.663	0.760	0.003	0.899	0.028	0.925	0.075

表 5-17 中的数据表明，时间主效应、组别主效应、时间与组别的交互效应在水域安全各维度（除游泳技能）得分上均达到了非常显著性的水平（P＜0.010）；性别主效应在解脱技能（F＝11.109，P＝0.001，$\eta_p^2=0.090$）、现场赴救（F＝6.045，P＝0.015，$\eta_p^2=0.051$）、高危行为（F＝37.645，P＝0.000，$\eta_p^2=0.252$）维度上达到了显著性的水平；时间与性别的交互效应在解脱技能（F＝8.295，P＝0.005，$\eta_p^2=0.069$）、现场赴救（F＝6.620，P＝0.011，$\eta_p^2=0.056$）维度达到了显著性的水平；组别与性别的交互效应在解脱技能（F＝4.424，P＝0.038，$\eta_p^2=0.038$）、高危行为（F＝10.457，P＝0.002，$\eta_p^2=0.085$）维度达到了显著性的水平；时间、组别和性别的交互效应在解脱技能（F＝9.451，P＝0.003，$\eta_p^2=0.078$）、现场赴救（F＝4.972，P＝0.028，$\eta_p^2=0.043$）维度达到了显著性的水平。

时间与组别的交互效应（除游泳技能）具有统计学意义，而性别主效应，性别与时间主效应，性别与组别主效应及性别、组别、时间主效应在解脱技能，现场赴救，高危行为维度具有统计学意义，需进一步分析交互作用的简单效应，来揭示时间和性别在三项维度的得分意义，结果见表 5-18：

表 5-18　　解脱技能、现场赴救、高危行为的时间与性别交互作用的简单效应分析表

			性别与组别			
			对照 3 班男女学生间	实验 3 班男女学生间	实验 3 班、对照 3 班男学生	实验 3 班、对照 3 班女学生
解脱技能	前测	均值差	0.550	0.200	0.450	1.200
		P 值	0.320	0.800	0.580	0.090
	后测	均值差	0.400	4.400	12.500	8.500
		P 值	0.580	0.000	0.000	0.000

续表

			性别与组别			
			对照3班 男女学生间	实验3班 男女学生间	实验3班、 对照3班男学生	实验3班、 对照3班女学生
现场 赴救	前测	均值差	0.300	0.350	0.050	0.600
		P值	0.480	0.390	0.880	0.250
	后测	均值差	0.450	1.750	8.800	7.500
		P值	0.310	0.010	0.000	0.000
高危 行为	前测	均值差	0.640	0.410	0.010	0.240
		P值	0.000	0.010	0.930	0.120
	后测	均值差	0.860	0.060	1.450	0.650
		P值	0.000	0.700	0.000	0.000

注：表中数值均为P值。

表5-18中的数据表明，在解脱技能、现场赴救维度得分上，前测时，性别因素在实验3班、对照3班间的简单效应均没有显著性差异，说明无论是实验班还是对照班，性别差异均不显著；后测时，性别差异在实验3班男女之间，实验3班、对照3班男学生间，实验3班、对照3班女学生间的简单效应均达到了非常显著性的水平（P<0.010），而对照3班男女学生之间的简单效应无显著性差异（P>0.05），说明教育实验有效地干预了男女学生的解脱技能（如图5-10所示）和现场赴救能力（如图5-11所示），且对男学生的干预优于女学生。

在高危行为维度得分上，前测时，性别差异在对照3班（P<0.010）、实验3班（P<0.050）的简单效应均达到了显著性的水平，男学生得分明显高于女学生，说明在高危行为得分上，男女学生性别差异显著。此外，各组别男学生的简单效应均未达到显著性的水平，各组别女学生的简单效应也未达到显著性的水平（P>0.050），说明实验分组基本同质。后测时，性别差异在实验3班的简单效应均未达到显著性的水平（P>0.050），说明经过干预后，男学生水域高危行为的消失幅度大于女学生（如图 5-12 所示，见第 136 页）。此外，实验 3 班与对照 3 班的男学生高危行为的简单效应均达到了非常显著性水平（P<0.01），实验 3 班与对照 3 班女学生高危行为的简单效应也均达到了非常显著性水平（P<0.01），说明教学实验干预，明显改善了实验 3 班男女学生的高危行为，且优于对照 3 班。

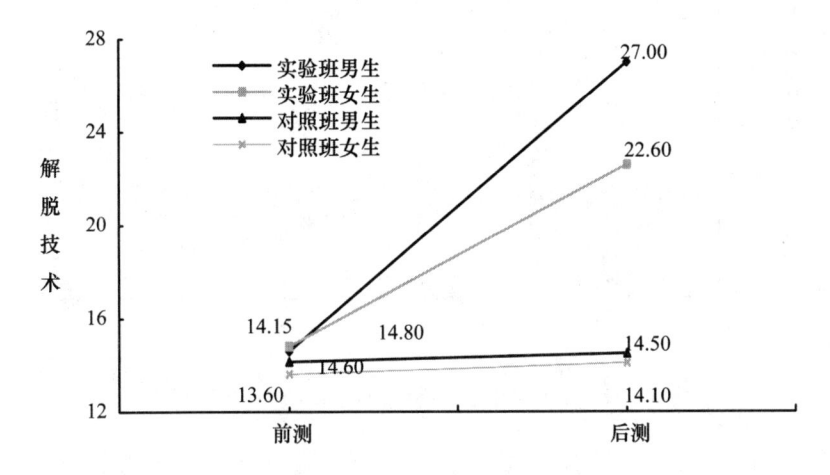

图 5-10 男女学生解脱技术前后测变化图

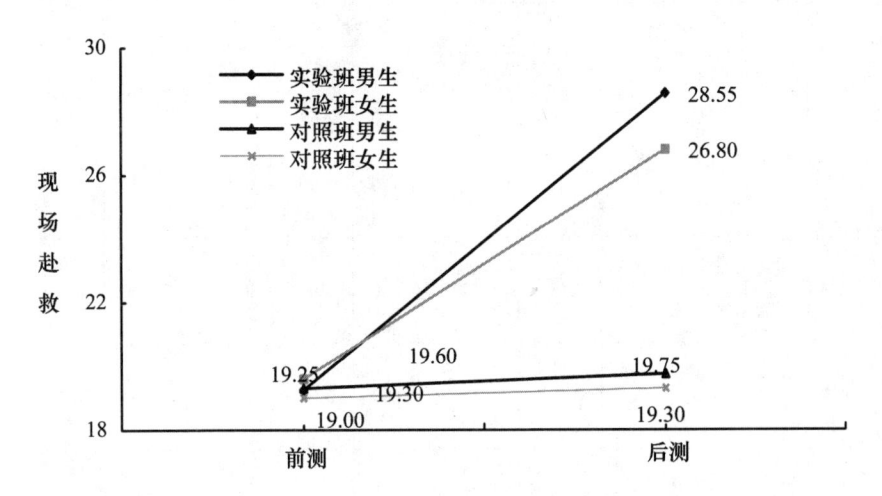

图 5-11 男女学生现场赴救前后测变化图

为明确实验处理的效应，进一步对大学生水域安全高级教育模式各维度得分时间与组别的交互作用进行简单效应分析，显著性检验结果见表 5–19。

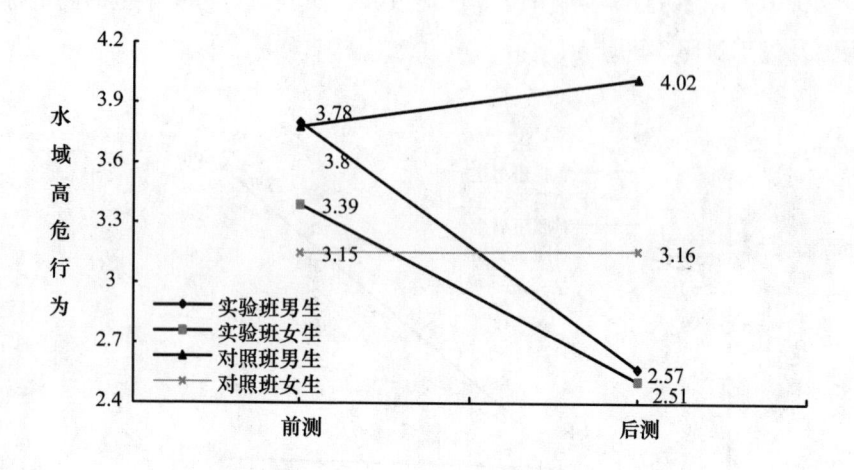

图 5–12　男女学生水域高危行为前后测变化示意图

表 5–19　大学生水域安全高级教育模式时间与组别交互作用的简单效应检验表

		安全知识	安全技能					安全态度	高危行为
			游泳技能	解脱技能	损伤急救	现场赴救		
被试间	实验 3 班、对照 3 班前测之间	0.923	0.664	0.125	0.922	0.541	0.672	0.458
	实验 3 班、对照 3 班后测之间	0.000	0.389	0.000	0.000	0.000	0.000	0.000
被试内	实验 3 班前测和后测之间	0.000	0.249	0.000	0.000	0.000	0.000	0.000
	对照 3 班前测和后测之间	0.420	0.071	0.211	0.103	0.056	0.495	0.147

表5-19中的数据表明，大学生水域安全高级教育模式各维度得分被试间变量（组别）在被试内变量第一水平（前测）上的简单效应均未达到显著性的水平（P>0.050），但在被试内变量第二个水平（后测）上的简单效应（除游泳技能外）均达到了非常显著性的水平（P<0.010）。说明，教学前，实验3班与对照3班基本同质；教学后，组别之间出现显著差异，实验3班明显优于对照3班（除游泳技能外）。被试内变量（时间）在被试间变量第一个水平（实验3班）上的简单效应（除游泳技能外）均达到了非常显著性的水平（P<0.010），但是在被试间变量第二个水平（对照3班）上的简单效应均未达到显著性的水平（P>0.050），即教学前后，实验3班（除游泳技能外）出现显著差异，实验后得分明显高于实验前得分；而对照3班前后差异不显著。可见，大学生水域安全高级教育模式的教学效果显著，验证和支持了本书的第1假设。

六　大学生水域安全高级教育模式的教学后效分析

为测定大学生水域安全高级教育模式教学效果的持续性，对实验3班和对照3班大学生水域安全高级教育各维度得分延时测定结果进行多因素方差分析，结果见表5-20所示。组别差异在各维度得分上（除游泳技能外）均达到了非常显著性的水平（P<0.010），性别差异，组别与性别的交互效应在解脱技能、现场赴救、高危行为维度均达到了非常显著性的水平（P<0.010），而其他维度上均未达到显著性的水平（P>0.050）。说明，实验3班较对照3班仍然具有较高的水域安全能力，水域安全高级教育模式教学效果具有一定的持续性，验证和支持了本书的第2假设。

表 5-20　大学生水域安全高级教育模式延时测定的描述统计和多因素方差分析表

<table>
<tr><th rowspan="2"></th><th rowspan="2">安全知识</th><th colspan="4">安全技能</th><th rowspan="2">安全态度</th><th rowspan="2">高危行为</th></tr>
<tr><th>游泳技能</th><th>解脱技能</th><th>损伤急救</th><th>现场起救</th></tr>
<tr><td>实验 3 班 (M±SD) 男生</td><td>4.140±0.270</td><td>65.200±4.090</td><td>27.650±2.830</td><td>32.300±1.950</td><td>28.100±1.830</td><td>2.050±0.210</td><td>2.620±0.400</td></tr>
<tr><td>女生</td><td>4.280±0.230</td><td>63.900±2.960</td><td>22.100±1.290</td><td>32.000±1.160</td><td>25.900±1.170</td><td>2.160±0.220</td><td>2.540±0.310</td></tr>
<tr><td>总体</td><td>4.190±0.260</td><td>64.770±3.750</td><td>25.130±3.250</td><td>32.200±1.710</td><td>27.000±1.810</td><td>2.080±0.210</td><td>2.590±0.370</td></tr>
<tr><td>对照 3 班 (M±SD) 男生</td><td>3.150±0.380</td><td>64.600±3.140</td><td>14.350±2.060</td><td>19.650±1.730</td><td>19.800±1.960</td><td>3.020±0.170</td><td>4.060±0.520</td></tr>
<tr><td>女生</td><td>2.970±0.250</td><td>63.700±3.530</td><td>13.800±1.030</td><td>19.900±1.290</td><td>18.600±0.880</td><td>2.970±0.340</td><td>3.190±0.300</td></tr>
<tr><td>总体</td><td>3.090±0.340</td><td>64.300±3.240</td><td>14.170±1.780</td><td>19.730±1.570</td><td>19.200±1.170</td><td>3.000±0.240</td><td>3.770±0.620</td></tr>
<tr><td>组别主效应 (P 值)</td><td>0.000</td><td>0.680</td><td>0.000</td><td>0.000</td><td>0.000</td><td>0.000</td><td>0.000</td></tr>
<tr><td>性别主效应 (P 值)</td><td>0.752</td><td>0.259</td><td>0.000</td><td>0.957</td><td>0.000</td><td>0.589</td><td>0.000</td></tr>
<tr><td>组别×性别的交互效应 (P 值)</td><td>0.053</td><td>0.837</td><td>0.001</td><td>0.549</td><td>0.006</td><td>0.180</td><td>0.001</td></tr>
</table>

第四节 相关讨论

一 大学生水域安全分层教育模式的有效性

（一）大学生水域安全初级教育模式的有效性

对照1班在教学前后除了游泳技能提高，水域安全教育其他维度均无显著提高，这暴露出传统教学模式的缺陷，即重游泳技能，缺乏安全知识教育和自救技能的教学。大学生水域安全初级教育模式首先引入水域安全知识教育，然后进一步细化水域安全技能为游泳技能和自救技能（浮具制作、抽筋自解、自救漂浮），采用情景模拟等各种教学手段保障教学效果。通过教学检验，实验1班学生的水域安全教育各维度得分均有显著改善。这表明，大学生水域安全初级教育模式可以有效地提升大学生的水域安全能力，即针对不会游泳的学生在游泳教学中引入大学生水域安全初级教育模式不仅是可行的，而且是有效的。能够取得这样的教学效果，主要取决于两个方面的因素。1.水域安全"知信行"教育模式的有效借鉴：水域安全知识和技能是基础，即"知"；水域安全态度是动力，即"信"；水域高危行为是目标，即"行"。"知"的提高改变"信"，从而干预"行"是该模式的理论基础。在实际的案例中，采用不正确的入水方式、在危险区域游泳、酒后游泳、水中追逐打闹等诸多水域高危行为都是引起溺水伤害的可能原因，这些不是游泳技能不足，而是安全知识缺乏。因此，在教学中不仅要提高技能，也要普及安全知识。该模式教学内容的选择与搭配更加合理，教学目标更加明确，更强调对学生态度和行为的干预。2.水域安全技能的进一步细化。有研究发现"游泳技能越佳者，越追求水的刺激和乐趣，越容易触发高危行为"的悖论（周嘉慧，2009），游泳技能的教学可提高水域生存能力，但也容易引发更多水域高危行为。因此，过于强调游泳技能的教学，并不能有效地改善学生的水域安全态度，反而容易滋生麻痹大意的问题，使学生遭遇险境，合理求生远比游泳技巧来得重要。大学生水域安全初级教育模式以"安全涉水、求生自救"为教学目标，将水域安全技能进一步细化为游泳技能、浮具制作、抽筋自解、自救漂浮四个方面，改变了以往技能教学中单一的游泳技能教学，不仅强调提高水域生存能力，更强调模拟水域遇险情况下的自救演练。如此情景化的模拟教学一方面丰富了课堂的内容和趣味性；另一方面也提高了学生预防避险、自救求生的技能，更加深了学生对水域安全的切身体会。因此，水域安全技能不仅包含游泳技能，也融入了自救技能，在实际应用中更为实用。

（二）大学生水域安全中级教育模式的有效性

对照 2 班在教学前后游泳技能和踩水呼救有显著的提高，反映出传统教学模式对于游泳技能的重视，而踩水呼救作为自救技能虽不是传统教学模式的重点，但对于具备一定游泳基础的学生来说，踩水是重要的水性练习，踩水呼救在此基础上提高并无太大难度；而水域安全教育其他维度均无显著提高，暴露出传统教学模式在救溺技能上的缺乏，特别是在大学生的水域安全态度和水域高危行为的改善上毫无效果。而这恰恰是大学生水域安全中级教育模式的切入点，即首先引入水域安全知识教育，其次细化水域安全技能为游泳技能、自救技能（踩水呼救）和救溺技能（岸上救助、手援救助），最后通过情景模拟等各种教学手段保障教学效果。通过教学检验，实验 2 班学生水域安全教育各维度得分均有显著改善。这表明，水域安全中级教育模式针对掌握个别游泳技能的大学生是可行的、有效的。能够取得这样的教学效果，主要取决于两个方面的因素。1. 水域安全"知信行"教育模式的有效借鉴：随着游泳技能的提升，学生往往出现跳水、长时间潜泳、水中相互嬉戏打闹（甚至互按头部入水）等水域高危行为，这是对水域安全态度的疏忽，更是水域安全知识缺乏的表现。因此，教学中不能只重视游泳技能，也要普及知识，干预学生的态度。2. 水域安全技能有针对性地细化。无论是自救还是他救，都要先确保自身安全，才能谈到救助他人，千万不要变成人溺、己溺。大学生水域安全中级教育模式以"冷静应对、巧救智援"作为教学目标，有针对性地细化水域安全技能为游泳技能、踩水呼救、岸上救助、手援救助 4 个方面，不仅强调提高自救技能，确保自身安全，更强调模拟他人在水域遇险的情况下如何巧借岸上救助物实施救援，充分体现"生命安全至上"的理念。

(三) 大学生水域安全高级教育模式的有效性

对照 3 班在教学前后水域安全教育各维度均无显著提高，反映出重视游泳技能的传统教学模式缺乏安全知识和救生技能的教学；而这恰恰是大学生水域安全高级教育模式的切入点，即首先引入水域安全知识教育，其次细化水域安全技能为游泳技能和救生技能（解脱技能、损伤急救、现场赴救），最后通过情景模拟等各种教学手段保障教学效果。但有趣的是，实验 3 班学生的安全知识和救生技能均有显著性提高，而对照 3 班、实验 3 班学生的游泳技能均无明显改善。究其原因，可能是游泳技能达到较高层次后，难以通过短时间的游泳课教学显著提高，游泳技能教学方法的革新往往提高的是初学学生的水平，而具有一定技能基础的学生往往需要间歇训练、专项速度耐力训练、短冲专项训练才能得到提高。

实验 3 班学生在教学前后不仅安全知识和救生技能有显著提高，水域安全态度和水域高危行为也有显著改善，这也进一步表明，水域安全高级教育模式针对具有一定游泳技能基础的大学生是可行的、有效的。能够取得这样的教学效果，主要取决于两个方面的因素。1. 水域安全"知信行"教育模式的有效借鉴：研究已发现"游泳技能越佳者，越追求水的刺激和乐趣，越容易触发高危行为"的悖论。正如诸多溺水案例中，溺水者往往具备较好的游泳技能基础，但更易付诸水域高危行为（高处跳水、深水区追逐嬉戏、长时间潜水等），这是对水域安全态度的疏忽，更是水域安全知识缺乏的表现。因此，教学中不能只重视游泳技能，也要普及知识，干预学生的态度。2. 水域安全技能有针对性地细化。"中国网事·感动 2015"年度网络十大人物之守望生命——长江救援志愿队队员在接受访谈时强调，"没有掌握解脱技能和具有现场救援经验而直接参与水中救援的人，首先就将自己置于了危险境地"，这也是很多大学生救援案例成功救援他人而自身溺亡的重要原因。大学生水域安全高级教育模式以"合理处置、胜任救援"作为教学目标，有针对性地细化为游泳技能、解脱技能、损伤急救、现场赴救 4 个方面，改变了传统游泳教学单一的游泳技能教学，不仅强调提高自身水域安全技能，更强调模拟他人在水域遇险情况下的救援演练，有效提升学生参与救援的胜任力。

二 大学生水域安全分层教育模式教学效果的保持

（一）大学生水域安全初级教育模式教学效果的保持

大学生水域安全初级教育模式教学结束3个月后，对实验1班和对照1班的学生进行了回测。结果显示，实验1班水域安全教育各维度的得分仍然显著高于对照1班，说明初级教学模式的教学效果具有一定的持续性。究其原因在于，大学生水域安全初级教学模式不仅能够帮助学生学习水域安全知识、水域安全技能（游泳技能、浮具制作、抽筋自解、自救漂浮），更为重要的是能够帮助学生认识到水域安全的重要性。这种观念的转变能够帮助学生形成良好的水域安全态度，使其行为随之发生潜移默化的积极改变，从而减少水域高危行为。布伦纳等人指出水域安全教育是预防溺水的重要途径，因为教育对行为的改变会有持续性的影响（Brenner, R. A. et al., 2006）。正如在教育过程中让学生分析烟酒行为死亡案例、分析危险驾驶行为事故的原因等，均能有效地改善学生对安全行为的态度，持续干预危险行为。在水域安全初级教育模式教学过程中，一方面通过模拟遇险情景，让学生直观感受诸如烟酒行为、危险驾驶行为下的情景危险，达到警示的目的；另一方面学习和实践自救技能，使学生能在危险情景中合理应对、冷静自救，为学生日后涉水提供一定的经验支持，并长期深刻地影响学生的遇险自救能力，这也是大学生水域安全初级教育模式的优势所在。

（二）大学生水域安全中级教育模式教学效果的保持

在教学结束3个月后的延时测量中，实验2班水域安全教育各维度的得分仍然显著高于对照2班，说明中级教学模式的教学效果具有一定的持续性。究其原因在于，大学生水域安全中级教育模式不仅在游泳技能教学中融入了水域安全知识，更增加了自救技能（踩水呼救、自救漂浮、抽筋自解、浮具制作）和救溺技能（扔掷辅助物救助、伸够辅助物救助、个人手援救助），深刻影响了学生的水域安全态度。布伦纳等人指出水域安全教育对行为的改善会有持续性的影响（Brenner R. A. et al., 2006）。这种持续性的影响一是来自学生在溺水模拟教学情景中的直观感受；二是得益于在教学情境中岸上救援技能的实操演练。水域安全中级教育模式将学生置于场景再现、角色扮演、现场实物、救援流程的体验中，通过实操演练来保障动作技能的学习。有研究印证，安全教育不仅需要理论与实践的结合，更需要辅助实践技能训练才能达到最好的教学效果（兰奎，2014）。在"冷静应对、巧救智援"的目标引导下，无论是水域安全知识普及还是岸上救援技能的提高，均对学生的态度和行为起到了持续有效的规范作用。

（三）大学生水域安全高级教育模式教学效果的保持

在教学结束3个月后的延时测量中，实验3班水域安全教育各维度的得分仍然显著高于对照3班，说明高级教学模式的教学效果具有一定的持续性。究其原因在于，大学生水域安全高级教育模式不仅在游泳技能教学中融入了水域安全知识，更增加了解脱技能、损伤急救、现场赴救等实际救溺技能，深刻影响了学生的水域安全态度。水域安全教育对行为的改善会有持续性的影响。这种持续的影响一方面来自学生在溺水模拟教学情景中的直观感受。已有研究证实，越是经历了危险的人，对危险的感知越是敏锐；越是遭遇过溺水的人，对水的敬畏之心越重。另一方面得益于在教学情境中救生技能的反复演练。只有亲身参与实践，才有在危险情景中合理应对、从容施救的能力，这为学生积累了宝贵的救援经验。律人者当自律，经过大学生水域安全高级教育模式的培养，在"合理处置、胜任救援"的目标引导下，无论是水域安全知识普及还是救生技能的提高，均在要求胜任救援他人的同时，持续规范自己的行为。

三 大学生水域安全分层教育模式存在性别差异

（一）大学生水域高危行为存在性别差异的原因

男女学生水域高危行为在水域安全初级、中级、高级的实验班和对照班的前测中均具有显著差异；在对照班后测及其延测中性别差异依然显著。这一结论不仅验证了国外学者关于性别在高危行为上存在差异的观点（Mccool, J. et al., 2008；Irwin, C. C. et al., 2009），也佐证了国内学者开展的人口学调查（杨功焕、黄正京、陈爱平，1997），以及针对小学生群体的水域安全"知信行"教学模式研究（夏文等，2013）。观察教学现场，男学生往往更外向，更易在水中追逐打闹，违反教师的要求；

而女学生往往更内敛，较少做出危险行为，听从教师的教导。在进一步访谈中，男学生对于学习游泳更为兴奋，认为自己能够很快适应水域环境，不仅大胆学习游泳技能，而且趋于尝试各种新奇的水中游戏；女学生对于学习游泳更理性，对水域环境更畏惧，认为自己不适合做出逾越常规的行为，更在意他人对自己的看法。

本书认为，无论是男女先天生理、性格上的差异，还是后天教育、家庭保护上的区别，都是造成男女学生水域高危行为存在差异的原因。而实验班后测及延测中性别差异不显著，说明大学生水域安全高级教育模式有效地干预了学生的水域高危行为，且对男学生行为的干预更明显。这也进一步体现了大学生水域安全分层教育的效果与价值。

（二）大学生解脱技能、现场赴救性别差异显著的原因

数据显示，实验3班男学生解脱技能、现场赴救在后测时显著高于女学生。究其原因，一是因为解脱技能、现场赴救对救生技术及力量、耐力等素质的要求较高，而相对女学生，男学生在这些素质方面上更具优势；二是因为女学生在解脱技能、现场赴救等的兴趣上弱于男学生，她们认为自己的生理结构不便于实施救援，再加上救援本身的危险性，更影响了女学生的学习兴趣和精力投入。多项针对救生员性别和能力的调查发现，女性比例极低（康士龙，2013）。在实际救援案例中，男性参与现场赴救的比例显著高于女性。因此，女学生在他人遇险时，更应该酌情考虑自身的救溺能力，谨慎选择救援方式。

第五节　研究结论

1. 水域安全分层教育模式能够使大学生有效地增加水域安全知识，增强水域安全技能，改善水域安全态度，减少水域高危行为。

2. 水域安全分层教育模式的效果有一定的持续性。

第六章

综合讨论

本书借鉴分层教育理论，在国内外水域安全教育实践经验的基础上，构建了大学生水域安全分层教育模式，考查了大学生经过水域安全教育训练后，在水域安全知识、水域安全技能、水域安全态度和水域高危行为方面发生的变化。实践证明，无论是模式的构建本身还是从级实验的结果，都达到了预期的效果，为现今的水域安全教育的教学改革和教学实验提供了一种新的思路和方法。

第一节　本书的创新点

在理论上，本书基于前人的研究和调研，借助分层教育的理论，在研制适合大学生水域安全教育分层考核的《大学生水域安全技能等级标准》的基础上，将大学生水域安全教育对教学对象进行了初级、中级、高级分层，并分别构建了与之对应的水域安全教育模式。针对不会游泳的大学生的特点，如水域安全知识严重缺乏、游泳技能几乎为零、水域高危行为多、面对危险无法自救等，设计了以"安全涉水、求生自救"为教学目标的初级教育模式，注重游泳技能、浮具制作、抽筋自解、自救漂浮等能力的培养；针对掌握了个别游泳技能的大学生的特点，如水域安全知识不足、自救技能欠缺、救溺技能严重匮乏等，设计了以"冷静应对、巧救智援"为教学目标的中级教育模式，注重游泳技能、踩水呼救、岸上救助、手援救助等能力的培养；对具备了一定游泳技能和自救技能，但救溺技能不足（一旦遇险或参与直接救援将存在重大安全隐患）

的大学生群体，设计了以"合理处置、胜任救援"为教学目标的高级教育模式，注重游泳技能、解脱技能、损伤急救、现场赴救等能力的培养。经过理论建构，形成了理论依据科学、内容框架合理、实施框架完整的大学生水域安全分层教育模式，此模式为大学生水域安全教育的深入研究提供了坚实的理论基础。

在实践中，本书不仅验证了大学生水域高危行为在性别上存在差异，还发现了大学生在解脱技能、现场赴救上存在显著的性别差异的特点，这有利于解释在水域安全救溺过程中，男女比例显著失衡的原因，更为女性参与救溺提供了实践指导。本书还证实了游泳技能达到较高层次后，难以通过短时间的游泳课教学显著提高，因此，传统的游泳教学模式很难对掌握了游泳技能的学生起到提高作用。纵观整个实验，本书采用重复测量一个因素的混合实验设计，分别展开大学生水域安全初、中、高三级教学实验，确证水域安全初级、中级、高级教育模式能够使大学生有效提升水域安全知识，增强水域安全技能，改善水域安全态度，减少水域高危行为；且各级教学效果有一定的持续性。这些都充分证明了大学生水域安全分层教育模式的合理性与科学性，其构建的一整套大纲、讲义、课程标准、教案、教学进度、考核细则将有据可依地应用到实践教学中，为大学生水域安全教学的开展起到实质性的推动作用。

在方法上，本书采用定性、定量相结合的形式，运用文献法、实验法、问卷调查等多种研究法获取理论与数据支撑，采用方差分析、回归分析等多种统计方法分析数据，为现状呈现、理论构建、实验解释提供了全面的支撑。

第二节　大学生水域安全分层教育模式的适用范围

大学生掌握科学的水域安全知识、明晰自身具备的自救能力和救溺能力是社会和教育发展的必然趋势。

1. 不会游泳的大学生应该清楚地认识到，通过水域安全初级教育模式的学习，可掌握基本的水域安全知识、游泳技能和自救技能，但不具备更高要求的游泳能力和救溺技能，应时刻牢记"安全涉水、求生自救"

的理念，切勿高估自身能力，做出不当之举。

2. 掌握了个别游泳技能的大学生通过水域安全中级教育模式的学习，除了巩固游泳技能和自救技能，还能具备一定的岸上救溺技能，但还不具备直接救援的能力，应时刻牢记"冷静应对、巧救智援"的理念，先确保自身安全，才能谈到救助他人，千万不要造成人溺、己溺。

3 具备了一定游泳技能和自救技能，但救溺技能不足的大学生通过水域安全高级教育模式的学习，尽管具备了胜任救援的能力，但需时刻牢记"合理处置、胜任救援"的理念，在他人溺水遇险时，优先选择岸上救援，确实需要现场赴救的，要正确评估自身能力，合理处置，切勿做出超出自己能力范围的不当之举，如着装赴救、海浪救生等。

第三节　大学生水域安全分层教育模式的应用前景

目前，水域安全教育已受到社会、政府、家庭和学校的高度重视，从逐级下发的行政条例，到社会各界的广泛呼吁，再到教育研究者的实验研究与理念更新，无不催生着一种科学的教育模式的出现。

一　普通高校水域安全分层教育模式的发展

本书构建的大学生水域安全分层教育模式经过初、中、高三级教学实验的检验，结果表明，以"安全涉水、求生自救"为教学目标的初级教育模式针对不会游泳的大学生群体；以"冷静应对、巧救智援"为教学目标的中级教育模式针对掌握了个别游泳技能的大学生群体；以"合理处置、胜任救援"为教学目标的高级教育模式针对具备了一定游泳技能和自救技能，但救溺技能不足的大学生群体都是可行的、有效的。因此，将水域安全分层教育模式引入普通高等学校的游泳课程，可满足不同层次学生的目标需求。值得一提的是，在大学生水域安全分层教育模式实验中，教学过程包括引导、课程目标和内容宣布、情景营造、探究学习、集体分享、老师点评示范、情景模拟（学生模仿练习）、情景感悟（学生反思联想）、老师引导总结、情景超越（实践与应用）、总结反馈等，这些教学方法和策略促进了水域安全分层教育的效果。因此，无论是大学生水域安全分层教育模式的实验还是教学方法的运用,均对普通高等学校的水域安全教育的发展具有积极的意义。

二 为中小学水域安全分层教育模式提供借鉴

实验证明,水域安全分层教育模式对于改善不同层次的学生的水域安全态度和减少水域高危行为均有显著效果。然而,中小学生与大学生性格迥异,相对于大学生的独立自主,中小学生的可塑性更强,因此,针对中小学生这一溺水高发群体,推广水域安全分层教育是可行的,也是必要的。事实上,中小学生安全教育一直是国家关注的重点。有调查指出,中小学安全教育重知识轻技能、重预防轻应对、重逃生轻救护、重群体轻个人(崔树林等,2008),而水域安全分层教育模式设计的"安全涉水、求生自救""冷静应对、巧救智援""合理处置、胜任救援"三层教学目标和游泳技能、自救技能、救溺技能的反复实践,无论在知识还是技能层面,均有打破这一困扰的可能。因此,在后续可能的研究中,可将水域安全分层教育在中小学生群体中进一步检验其适用性。

三 将学生课外素质提高引入水域安全分层教育模式

当前,无论在高等学校还是在中小学校,体育课外活动均是课堂教育的重要补充。俱乐部制也好,选项制也罢,体育课外活动在促进学生参与体育活动、掌握运动技术、培养体育兴趣、养成运动习惯、丰富校园体育文化等方面发挥着重要作用。基于其内容和形式的灵活多样性、组织和方法的独立自主性、学生参与的自愿选择性等,学生课外素质提高成为当下体育教育的重要需求。水域安全分层教育模式通过一系列新颖的教学场景,让学生通过体验式学习获得知识、技能和态度,而且在技能的学习中按能力和安全理念分层,更加贴近不同层次学生的目标需求,为学生课外素质提高搭建了一个重要平台。尤其在高级模式的考核中,考核标准对接《游泳救生员国家职业技能标准》,这不仅为学生综合素质的提高提供了多种培养路径,更为水域救援人才培养提供了重要参考。

四 社会游泳培训融入水域安全分层教育模式

随着经济社会的快速发展和人们精神生活的多样需求，无论是中小学生、大学生还是成人，均有一定比例的人群已经接受或正在接受体育培训，体育培训凭借广阔的发展空间和稳定的利润收益吸引了越来越多的从业者和参与者。然而有调查发现（朱守波，韩方廷，2013），目前体育培训市场混乱，教学质量良莠不齐、经营项目过度集中且差别不明显，未来可能由政策引导，呈现公司化经营、提升教学质量、拓展多种项目以满足不同层次人群的需求。水域安全分层教育模式不仅在教学目标上打破了以往统一模式教学的禁锢，更在知识和技能中丰富和细化了教学的内容，更适用于水域安全教育各种层次需求的培训者。

第四节　研究的不足与展望

一　研究的不足

水域安全教育的使用范围、理论构建和小样本的实验验证终须落实到实践应用中接受检验，更需对自身的局限与未来研究有清醒的认识。

（一）进一步区分男女水域安全教育的不同模式

无论是现有文献的一致观点还是本书前期关于大学生水域安全教育的调研，都印证了男女水域高危行为的差异，其一方面原因在于男女性格的不同；另一方面也源于传统文化的教育和家庭保护程度的不同。但在本书的初、中、高三级实验中发现，男女除了水域高危行为的差异外，在高级模式教学中解脱技能、现场赴救也存在差异。本书并没有进一步分性别差异并制定水域安全高级教育模式，随着水域安全教育在高等学校的普及与展开，在后续可能的研究中，可以考虑在水域安全高级教育模式中对性别进行区分，单独建立，以更好地满足不同群体的需求。

（二）扩大水域安全分层教育模式的试点范围

本书选取湖北省的三所高等学校作为试点学校，分别进行了为期30天12次课的教学实验，考查水域安全分层教育模式对不同层次的大学生的有效性和持续性。无论是教师的评价还是学生的反馈，都显示出良好的效果。但由于实验时间较短，课程开设较为集中，被试者固定在一所学校采取随机抽样（鉴于我国南北差异较大，天气、湿地类型、人文环境等因素都制约了水域安全教育的基础，即使是同一所学校同一个班级的学生也存在一定差异），研究结论可能存在偏差。同时，水域安全初、中、高三级教育模式均尝试使用同样的教学手段和方法，还需要进一步细化和深入研究。因此，在后续可能的研究中，一方面可以不断扩大试点范围（包括中小学），全面检验水域安全分层教育模式的适用性和有效性；另一方面可以融入更多科学的教学理念和方法，有效提升水域安全分层教育模式的教学效果。

（三）探索水域安全技能的作用机制

已有研究阐明了水域安全知识与水域安全态度和水域高危行为的影响机制，但周嘉慧（2009）提出了"游泳技能越佳者，越追求水的刺激和乐趣，越容易触发高危行为"的悖论；American Academy of Pediatrics（2010）甚至担忧"游泳技能只能是一种附属的预防性干预，不能单独作为解决方案"。本书虽更新了水域安全教育的理念，分级融入了水域安全知识、细化了水域安全技能（游泳技能、自救技能和救溺技能），但就游泳技能与水域高危行为之间的特殊联系却没有谈及，且自救技能、救溺技能对水域高危行为的保护机制如何也并未深入，这都有待于进一步研究。

（四）开展水域安全教育的个案追踪研究

对于复杂问题的研究，方法应该是多样的。区别以往关于水域安全教育的研究往往基于统计调查，质性方法中的个案研究呈现为另一番视角，有效地弥补了方法学上的局限，促进了人们对水域安全教育本质的了解。无论是费孝通的"社区研究"、格尔茨（Geertz）的"深描说"，还是布洛维（Burawoy）的"扩展个案法"，均对抽象问题及其社会过程的研究具有方法优势，特别适合在特定情景下，反映社会现象的真实情景。国外如波斯纳等人（2004）为急诊室的父母提供以家庭为基础的水域伤害预防安全信息，并对其进行个案追踪研究，有效地证明了水域安全知识影响父母的水域安全态度；国内如笔者等（2017）运用"扎根理论"的研究范式分析影响学生水域高危行为的内涵与结构，构建影响学生水域高危行为因素的理论模型。已有调查研究开始关注特殊群体的水域安全教育问题，在后续的研究中，可尝试使用个案研究的方法开展追踪研究，揭示学生水域安全教育的发展规律。

二 研究的展望

尽管水域安全教育实验培训总时间只有3个月，但实验按照初、中、高的逐级顺序开展，跨度长达半年时间，期间无论是学校教务管理部门，还是体育教师、学生都给予了最大限度地配合，保障了良好的实验效果。但从教学质量评价反馈、教师课后反思及学生课后评价可知，该教育模式的课时设置、教学方法、课程评价等环节还需要改进和完善。

（一）匹配标准课时、延长教学周期

由于天气状况、缺乏恒温泳池、以往教学集中时间段授课等诸多因素限制，大学生水域安全分层教育实验对各班的大学生实施了历时30天（共4周，每周3次课，共计12次课，每次90分钟）的教学训练，安排极为紧凑。且由于课时限制，诸如游泳技能、自救技能和救溺技能的练习均被压缩在短时间内进行强化学习。而实际大学生水域安全课程的教学多为16次课教学，有恒温条件的学校多为16周的教学，不在集中的时间内学习技术动作有可能导致第二次课需要花费一定的时间进行上次课的巩固和复习，因此，在今后的教学模式实践中，随着时间跨度和教学时数的延长，内容、方法、教学设计等各方面都有待进一步细致研究，使学生在标准课时、标准教学周数的教学中也取得较好的效果。

（二）丰富实践情景设置、设计课外练习

在水域安全教育教学实验中，采用情景模拟等各种教学手段保障教学效果，一方面丰富了课堂的内容和趣味性；另一方面也提高了学生预防避险、自救求生、胜任救援的能力，更加深了学生对水域安全的切身体会，只有亲身参与实践，才有在危险情景中合理应对、从容施救的能力，这为学生积累了宝贵的经验，更为取得良好的教育效果提供了方法支持。然而，在实际教学中各班的人数可能超过30人，这将压缩每个学生的实践练习机会，因此一方面要丰富实践情景的设置，让更多的学生参与不同情景的实践，巩固和强化其所学技能；另一方面也需要设计一些课外练习，供有条件参与的学生反复练习。

（三）延长检测教育效果的周期、跟踪学生溺水率

本书的延时测定是在教学结束的 3 个月后，对各实验班和对照班的学生进行了回测。从数据分析的结果来看，各级教学模式均取得了良好的教学效果。但是，通过 1 个月的强化学习，知识和技能影响学生的态度和行为的效力在 3 个月内可能是非常有效的，然而随着时间的推移，效果的好坏并无直接证据证明。再加上大部分学生在实验结束后的 3 个月内由于天气变冷、场馆限制等原因，可能并没有参与水域活动，因此大学生水域安全分层教育还需要延长检测的周期，跟踪调查学生溺水率，在更多数据支持下证明效果的持续性。

结　　语

本书基于大学生溺水事件，选取社会、政府、学界共同关注的"水域安全教育"作为研究主题，在大学生水域安全教育的调查统计的基础上，构建大学生水域安全分层教育模式，并逐级开展实验研究。

1. 为探究学生水域高危行为的影响因素，基于"扎根理论"，对国内24名受访者（18名学生、3名救生员、3名游泳教师）进行半结构式访谈，并对访谈结果进行分析与编码（开放式编码、主轴编码和选择性编码），结果表明学生水域高危行为的影响因素包括个人因素和环境因素两大范畴，以及安全知识、安全技能、风险感知、溺水经历、过度自信、感觉寻求、父母行为控制、不良同伴、学校安全教育、涉水水域环境等10个主范畴，范畴间的交互作用构建出学生水域高危行为影响因素理论模型。此模型为有针对性地预防和干预学生水域高危行为提供了理论支持。

2. 大学生水域安全教育现状堪忧，暴露出游泳课程开设率不高、水域安全知识宣传不足、水域安全教育途径单一、游泳场馆建设与使用有待完善等问题。而大学生溺水的经历普遍，水域活动时间、水域地点、活动内容特征显著，且大学生的水域安全态度和水域高危行为性别差异显著，是干预和防范的重点。

3. 大学生水域安全教育课程内容显现不足，表现为水域安全知识比重过低、过于倚重游泳技能教学、缺乏自救技能和救溺技能的教学等，致使大学生水域安全知识匮乏、水域安全技能不足，导致大学生的水域安全态度不端正和水域高危行为偏多。

4. 基于分层教育理论，通过《大学生水域安全技能等级标准》将大学生进行了初、中、高三级分层，针对不会游泳的大学生的特点，如水域安全知识严重缺乏、游泳技能几乎为零、水域高危行为多、面对危险无法自救等，设计了以"安全涉水、求生自救"为教学目标的初级教育模式；针对掌握了个别游泳技能的大学生的特点，如水域安全知识不足、自救技能欠缺、救溺技能严重匮乏等，设计了以"冷静应对、巧救智援"为教学目标的中级教育模式；对具备了一定游泳技能和自救技能，但救溺技能不足的大学生，设计了以"合理处置、胜任救援"为教学目标的高级教育模式。

5. 通过三个教学实验分别检验大学生水域安全初、中、高三级教育模式的教学效果发现：水域安全初级教育模式能够有效地提升不会游泳的大学生的水域安全知识，使其增强水域安全技能，改善其水域安全态度，减少水域高危行为且效果具有一定的持续性；水域安全中级教育模式能够有效地提升掌握了个别游泳技能的大学生的水域安全知识、水域安全技能，减少水域高危行为且效果具有一定的持续性；水域安全高级教育模式能够有效地提升具备了一定游泳技能和自救技能，但救溺技能不足的大学生的水域安全知识，增强其水域安全技能，改善其水域安全态度，减少水域高危行为且效果具有一定的持续性。

参考文献

中文专著

黄金月：《高级护理实践导论》，人民卫生出版社2012年版。

黄敬亨：《健康教育学》，复旦大学出版社2006年版。

季成叶：《中国青少年健康相关/危险行为调查综合报告2005》，北京大学医学出版社2007年版。

季建成：《体育与生命安全教育》，北京体育大学出版社2013年版。

李森：《现代教学论纲要》，人民教育出版社2005年版。

马骁：《健康教育学》，人民卫生出版社2012年版。

梅雪雄：《游泳》，高等教育出版社2016年版。

谢伦立、刘振卿：《游泳课堂》，人民体育出版社2012年版。

国家体育总局职业技能鉴定指导中心组：《游泳》，高等教育出版社2010年版。

谢伦立、刘振卿：《游泳课堂》，人民体育出版社2011年版。

《舟山市红十字会水上安全教练员培训手册》，舟山红十字会2013年编印。

[美]大卫·托马斯：《教你学游泳》，林琳译，黑龙江科学技术出版社2007年版。

中文期刊

曹敦利:《中国传媒大学游泳课教学影响因素研究》,《运动》2012年第36期。

陈琛:《让生命"浮"出水面——游泳教学与溺水救助的问题研究》,《中州体育(少林与太极)》2016年第1期。

陈丽娜、张明、金志成、赵闪、梅松丽:《中小学生感觉寻求量表的编制与应用》,《心理发展与教育》2006年第4期。

陈天娇、季成叶、星一、胡佩瑾、宋逸:《中国18省市中学生溺水相关危险行为现状分析》,《中国公共卫生》2007年第2期。

陈雄山:《影响浙江省普通高校游泳课程开设的相关因素研究》,《浙江体育科学》2007年第3期。

褚宏启:《教育现代化的本质与评价——我们需要什么样的教育现代化》,《教育研究》2013年第11期。

丛宁丽、蒋徐万:《中、美、澳、英、日五国游泳教学内容和方法比较》,《成都体育学院学报》2000年第3期。

崔树林、穆益林、李永华、张波:《大学生体育社团运作方式探索》,《体育学刊》2008年第11期。

戴国良、周永平:《情景模拟教学研究与实践》,《南方论刊》2010年第3期。

丁士良、聂亚峰:《念动练习在游泳教学中的实验研究》,《西安体育学院学报》2005年第s1期。

杜世全、王寅:《我国高校游泳场馆规划建设和运行管理》,《体育学刊》2010年第11期。

方千华、梅雪雄:《国内外大众游泳救生员培养体制的比较研究》,《首都体育学院学报》2008年第3期。

方千华、梅雪雄:《国外水上救生的发展与启示》,《体育科学研究》2005年第1期。

冯茁:《"因材施教"原则之反思》,《教育研究与实践》1996年第2期。

符谦、戚克娜、张丽荣、刘留：《沈阳市游泳场馆经营管理情况调查研究》，《沈阳体育学院学报》2006年第1期。

傅强、张文雄：《上海市南汇区游泳场馆水质卫生调查分析》，《中国卫生监督杂志》2007年第1期。

盖丽静、乔凌华：《论述普通高校游泳教学存在的问题及解决措施》，《佳木斯职业学院学报》2015年第9期。

郭鸿鸣：《高校游泳选项课分层次教学实验研究》，《重庆科技学院学报》（社会科学版）2012年第20期。

郭巧芝、马文军、徐浩峰、聂少萍、宋秀玲、许燕君等：《农村中小学生家长溺水认知和行为调查分析》，《华南预防医学》2008年第6期。

郭英、魏亚栋：《体育课分层次教学法模式构建的实验研究》，《北京体育大学学报》2002年第3期。

何克抗、吴娟：《信息技术与课程整合的教学模式研究之一——教学模式的内涵及分类》，《现代教育技术》2008年第7期。

洪庆林、宋晓俊、龚健、张卫军：《影响山东省部分高校游泳课教学效果的因素分析》，《体育师友》2008年第6期。

胡科、虞重干：《政府购买体育服务的个案考察与思考——以长沙市政府购买游泳服务为个案》，《武汉体育学院学报》2012年第1期。

黄志坚、方红兵：《游泳教学应把握的重点》，《大连海洋大学学报》，2009年第s1期。

蒋晓莲、薛咏红、汪国成：《自我效能研究进展》，《护理研究》2004年第9期。

金国利：《对泉州师范学院游泳课程改革的思考》，《体育师友》2011年第4期。

纠延红：《"分层次教学法"在游泳教学中的应用》，《游泳》2000年第4期。

康鸾：《改革创新高校游泳课教学方法和模式》，《体育世界》（学术版）2015年第6期。

兰奎：《基于风险社会下的高校安全教育课程现状及改进措施》，《理论观察》2014年第10期。

李梅：《试论高校游泳选项课如何培养学生的救生能力》，《兰州教育学院学报》2015年第11期。

李松泰：《高校游泳教学中对学生水上自救救助技能培养的方法与必要性分析》，《运动》2015年第16期。

林军：《普通高校游泳教学改革的实验研究》，《南京体育学院学报》（自然科学版）2010年第3期。

林联注：《影响中学游泳教学的主要因素分析与对策研究》，《延边教育学院学报》2015年第5期。

刘桂芝：《普通高校游泳课层次教学的组织与教法探析》，《哈尔滨体育学院学报》2006年第4期。

刘希国、刘璐：《浅谈游泳安全常识》，《体育教学》2009年第7期。

刘艳虹、顾定倩、焦青、张毅、罗薇、王芳：《北京市中小学教师实施安全教育的现状调查》，《教师教育研究》2008年第1期。

刘艳丽、马湘君：《首都师范大学公体女子游泳课分层次教学法的实验研究》，《体育世界》（学术版）2010年第4期。

龙明：《三种游泳教学法教学效果的检测与分析》，《体育学刊》2011年第1期。

农全兴、杨莉：《儿童溺水流行病学研究进展》，《中国公共卫生》2006年第3期。

沈宇鹏、白慕炜：《广东省高等院校公共游泳课程存在问题及解决方法的商榷》，《广东药学院学报》2006年第4期。

石岩、胡强：《我国体育干预实验研究存在的方法学问题及改进建议》，《沈阳体育学院学报》2014年第3期。

苏利群：《普通高校游泳教学现状与改革思考》，《当代体育科技》2012年第30期。

孙新锋：《泉州市游泳场馆安全保障研究》，《福建体育科技》2015年第3期。

唐国宪、赵少雄、杨烨：《游泳意外溺水事故原因探析》，《邵阳学院学报》（自然科学版）2007年第4期。

陶运三：《体育学实验研究领域热点问题的聚类分析与展望——以2005—

2013 年国内十五类体育期刊文献计量学统计为例》,《体育与科学》2015 年第 3 期。

万玉玲:《大学游泳教学安全问题的研究》,《考试周刊》2015 年第 75 期。

汪军锋、王宝宁:《分层次教学法在游泳教学中的应用》,《当代体育科技》2013 年第 30 期。

王斌、卜姝、罗时、张辉、于洪涛、方朝阳:《游泳运动策略:青少年溺水风险管理研究》,《体育成人教育学刊》2016 年第 2 期。

王灿明:《体验学习解读》,《全球教育展望》2005 年第 12 期。

王国川:《探讨性别、年龄、水上活动类型与溺水结果间关系》,《医护科技学刊》2001 年第 3 期。

王国川、翁千惠:《国外水域安全课程介绍与讨论》,《水意外灾害防治教育会刊》2003 年第 3 期。

温培钧:《中国水上救生现状分析及对策建议》,《军事体育学报》2013 年第 2 期。

夏文、牟少华、王斌、万京一、张馨文、张雪松等:《小学生水域安全教育知信行模型研究》,《中国安全科学学报》2014 年第 4 期。

夏文、牟少华、王斌、赵岚、张馨文、张雪松:《我国小学生水域安全教育影响因素分析》,《中国安全科学学报》2015 年第 7 期。

夏文、王斌、刘炼、王郁平:《发达国家学生水上安全教育的经验及启示》,《湖北体育科技》2011 年第 5 期。

夏文、王斌、赵岚、张馨文、冼慧:《不同教育模式对小学生水域安全知信行的影响》,《体育学刊》2013 年第 2 期。

欣心:《霍华德加德的"多元智能"理论》,《北京教育》2002 年第 5 期。

杨功焕、黄正京、陈爱平:《中国人群的意外伤害水平和变化趋势》,《中华流行病学杂志》1997 年第 3 期。

杨恒心:《"分层次教学"模式探析:以游泳课为例》,《河南工业大学学报》(社会科学版)2005 年第 4 期。

于春艳:《高校体育游泳教学质量提升策略研究——大学生游泳阻碍因素的成因与对策》,《当代继续教育》2015 年第 4 期。

岳新坡、李文静:《基于技术链的分层累加教学法在游泳教学中的实验研究》,《西安体育学院学报》2012 年第 4 期。

张春莉、高民:《卢布姆认知领域教育目标分类学在中国十年的回顾与反思》,《华东师范大学学报》(教育科学版) 1996 年第 1 期。

张河川、郭思智、罗兆富:《干预前后青少年运动 KAP 的效果评价》,《中国公共卫生》2004 年第 4 期。

张辉、王斌、罗时:《基于分层教学的大学生水域安全初级教育模式实验研究》,《体育学刊》2017 年第 4 期。

张辉、王斌、罗时、夏文等:《基于扎根理论的学生水域高危行为影响因素探究》,《中国安全科学学报》2017 年第 3 期。

张辉、王斌、罗时、于洪涛、方朝阳、卜姝等:《湖北省大学生溺水高危行为调查研究》,《湖北体育科技》2016 年第 4 期。

张明飞:《提高集美大学女生游泳教学安全与质量的研究》,《体育科学研究》2007 年第 1 期。

张明鸣:《分层次教学模式在游泳课程中的应用》,《哈尔滨体育学院学报》2011 年第 1 期。

张培廉:《海域游憩活动安全防护手册》(上册),《海浪救生协会》,1994 年。

张武升:《创造教育模式的定义》,《发明与革新》1997 年第 11 期。

张昕:《浅析水中游戏对幼儿游泳初期教学的影响》,《体育科技文献通报》2006 年第 8 期。

智虹霓、包卫:《在大学生游泳教学中渗透口头契约的效果探析》,《安徽师范大学学报》(自然科学版) 2014 年第 2 期。

朱笛、邢荣颖:《着装泳练习对提高自救与救生能力的实验研究》,《天津体育学院学报》2004 年第 1 期。

中文学位论文

陈洁琼:《普通高中实施分层教育的理论与实践研究》,硕士学位论文,宁波大学,2014 年。

何忠虎:《我国艾滋病孤儿身心健康、教育干预与青少年艾滋病知、信、行研究》,博士学位论文,北京大学,2008年。

夏文:《小学生水域安全教育的理论与实证研究》,博士学位论文,华中师范大学,2012年。

许欣:《父母—儿童运动参与的知信行关系》,博士学位论文,北京体育大学,2016年。

张昕:《温州市中小学生水上自救技能培养现状及影响因素分析》,硕士学位论文,北京体育大学,2007年。

周嘉慧:《南投县大埔里地区居民水域活动参与情形与水域活动安全智能的研究》,台湾体育大学,2009年。

英文文献

Adamson, P., Micklewright, J., Wright, A, "A league table of child deaths by injury in rich nations", *Florence Italy Unicef Innocenti Research Centre Feb*, No. 2, 2001.

American Academy of Pediatrics, "Committee on Injury, Violence, and Poison Prevention" (AAP), *Policy statement: Prevention of drowning. Pediatrics*, Vol. 126, No. 1, 2010.

Anselm, S., Juliet, C., *Basics of qualitative research*, Gaoxiong: Ju Liu book Company, 1997.

Avramidis, Stathis, R. Butterly and D. Llewellyn., "Who Drowns? Encoding the Second Component of the 4W Model", *International Journal of Aquatic Research & Education*, Vol. 3, No. 3, 2009.

Asher, K. N., Rivara, F. P., Felix, D., Vance, L., Dunne, R, "Water safety training as a potential means of reducing risk of young children's drowning", *Injury Prevention Journal of the International Society for Child & Adolescent Injury Prevention*, Vol. 4, No. 1, 1995.

Bennett, E., Cummings, P., Quan, L., & Lewis, F. M., "Evaluation of a drowning prevention campaign in King County, Washington", *Injury Pre-*

vention, Vol. 5, No. 2, 1999.

Bell, G. S., Gaitatzis, A., Bell, C. L., Johnson, A. L., Sander, J. W, "Drowning in people with epilepsy: How great is the risk?" *Neurology*, Vol. 71, No. 8, 2008.

Bhalla, K., Harrison, J., Abraham, J., Borse, N. N., Lyons, R, Boufous, S., Aharonson-Daniel, L., "Data sources for improving estimates of the global burden of injuries: Call for contributors", *Plos Medicine*, Vol. 6, No. 1, 2009.

Brenner, R. A., Taneja, G. S., Haynie, D. L., Trumble, A. C., Qian, C., Klinger, R. M. et al., "Association between swimming lessons and drowning in childhood: A case-control study", *Jama Pediatrics*, Vol. 163, No. 3, 2009.

Brenner, R. A., Trumble, A. C., Smith, G. S., Kessler, E. P., Overpeck, M. D., "Where children drown, United States, 1995", *Pediatrics*, Vol. 108, No. 1, 2001.

Brenner, R. A., "Childhood drowning is a global concern", *British Medical Journal*, No. 324, 2002.

Brenner, R. A., Salujag, Smith., "Swimming lessons, swimming ability, and the risk of drowning", *International Journal of Injury Control and Safety Promotion*, Vol. 10, No. 4, 2003.

Brenner, R. A., Moran, K., Stallman, R., Gilchrist, J., McVan, J., *Swimming abilities, water safety education and drowning prevention. In J. J. L. M., Bierens (Ed.), Handbook on drowning: Prevention, rescue and treatment. Berlin*, NY: Springer, 2006.

Burford, A. E., Ryan, L. M., Stone, B. J., Hirshon, J. M., Klein, B. L., "Drowning and near-drowning in children and adolescents: A succinct review for emergency physicians and nurses", *Pediatric Emergency Care*, Vol. 21, No. 9, 2005.

Cummings, P., & Quan, L., "Trends in unintentional drowning: The role of alcohol and medical care", *Modern Medicine*, Vol. 281, No. 23, 1999.

Davis, S., Ledman, J., Kilgore, J., "Drownings of children and youth in a desert state", *Western Journal of Medicine*, Vol. 143, No. 2, 1985.

Ellis, A. A., Trent, R. B., "Swimming pool drownings and near – drownings among California preschoolers", *Public Health Reports*, Vol. 112, No. 1, 1997.

Erbaugh, S. J., "Effects of aquatic training on swimming skill development of preschool children", *Perceptual and Motor Skills*, Vol. 62, No. 2, 1986.

Fang, Y., Dai, L., Jaung, M. S., Chen, X., Yu, S., & Xiang, H., "Child drowning deaths in Xiamen city and suburbs, People's Republic of China, 2001 – 5", *Injury Prevention*, Vol. 13, No. 5, 2007.

Fisher, K. J., &Balanda, K. P., "Caregiver factors and pool fencing: An exploratory analysis", *Injury Prevention*, Vol. 3, No. 4, 1997.

Franklin, R. C., Scarr, J. P., & Pearn, J. H., "Reducing drowning deaths: The continued challenge of immersion fatalities in Australia", *Medical Journal of Australia*, Vol. 192, No. 3, 2010.

Galambos, E. C., "Implications of lengthened health education: Nursing and the allied health fields", *Allied Health Occupations Education*, 1979.

Gardiner, S. D., Smeeton, W. M., Koelmeyer, T. D., & Cairns, F. J., "Accidental drownings in Auckland children", *New Zealand Medical Journal*, Vol. 98, No. 783, 1985.

Garssen, M. J., Hoogenboezem, J., Bierens, J. J., "Reduction of the drowning risk for young children, but increased risk for children of recently immigrated non – Westerners", *Nederlands Tijdschrift Voor Geneeskunde*, Vol. 152, No. 21, 2008.

Gilchrist, J., Sacks, J. J., &Branche, C. M., "Self – reported swimming ability in us adults, 1994", *Public Health Reports*, Vol. 115, No. 3, 1999.

Gilchrist, J., Gotsch, K., & Ryan, G., "Nonfatal and fatal drownings in recreational water settings – United States, 2001 – 2002", *Jama the Journal of the American Medical Association*, Vol. 292, No. 2, 2004.

Glaser, B. G., *Basics of grounded theory analysis: emergence vs forcing*, Mill

Valley: Sociology Press, 1992.

Gofin, R., De, L. D., Knishkowy, B., Palti, H., "Injury prevention program in primary care: Process evaluation and surveillance", *Injury Prevention*, Vol. 1, No. 1, 1995.

Gresham, L. S., Zirkle, D. L., Tolchin, S., Jones, C., Maroufi, A., & Miranda, J., "Partnering for injury prevention: Evaluation of a curriculum-based intervention program among elementary school children", *Journal of pediatric nursing*, Vol. 16, No. 2, 2001.

Gulliver, P., &Begg, D., "Usual water-related behaviour and 'near-drowning' incidents in young adults", *Australian & New Zealand Journal of Public Health*, Vol. 29, No. 3, 2005.

Hassall, I. B., "Thirty-six consecutive under 5 year old domestic swimming pool drownings", *Australian Paediatric Journal*, Vol. 25, No. 3, 1989.

Howland, J., Hingson, R., "Alcohol as a risk factor for drownings: A review of the literature (1950–1985)", *Accident Analysis & Prevention*, Vol. 20, No. 1, 1988.

Howland, J., Hingson, R., Mangione, T. W., Bell, N., Bak, S., "Why are most drowning victims men? Sex differences in aquatic skills and behaviors", *American Journal of Public Health*, Vol. 86, No. 1, 1996.

Howland, J., Birckmayer, J., Hemenway, D., Cote, J., "Did changes in minimum age drinking laws affect adolescent drowning (1970–1990)?" *Injury Prevention*, Vol. 4, No. 4, 1998.

Idris, A. H., Berg, R. A., Bierens, J., Bossaert, L., Branche, C. M., & Gabrielli, A. et al., "Recommended guidelines for uniform reporting of data from drowning: The 'Utstein style'", *Circulation*, Vol. 108, No. 20, 2003.

Iqbal, A., Shirin, T., Ahmed, T., Ahmed, S., Islam, N., Sobhan, A. et al., "Childhood mortality due to drowning in rural Matlab of Bangladesh: Magnitude of the problem and proposed solutions", *Journal of Health Population & Nutrition*, Vol. 25, No. 3, 2007.

Irwin, C. C. , Irwin, R. L. , Ryan, T. D. , &Drayer, J. , "Urban minority youth swimming (in) ability in the United States and associated demographic characteristics: Toward a drowning prevention plan", *Injury Prevention*, Vol. 15, No. 4, 2009.

JESSOR R. , "Risk behavior in adolescence: a psychosocial framework for understanding and action", *Journal of adolescent Health*, Vol. 12, No. 8, 1991

Joyce, B. R. , Weil, M. , & Calhoun, E. M. , "Models of teaching", *American Journal of Education*, Vol. 82, No. 1, 1973.

K. Moran, & T. Stanley. , "Toddler drowning prevention: Teaching parents about water safety in conjunction with their child's in - water lessons", *International Journal of Injury Control and Safety Promotion*, Vol. 6, No. 4, 2006.

Laosee, O. , Khiewyoo, J. , & Somrongthong, R. , "Drowning risk perceptions among rural guardians of Thailand: A community - based household survey", *Journal of Child Health Care*, Vol. 18, No. 2, 2014.

Leavy, J. E. , Crawford, G. , Portsmouth, L. , Jancey, J. , Leaversuch, F. , & Nimmo, L. et al. , "Recreational drowning prevention interventions for adults, 1990 - 2012: A review", *Journal of Community Health*, Vol. 40, No. 4, 2015.

Liller, K. D. , Kent, E. B. , Arcari, C. , &McDermott, R. J. , "Risk factors for drowning and near - drowning among children in Hillsborough County, Florida", *Public Health Reports*, Vol. 108, No. 3, 1993.

Listed, N, "Swimming programs for infants and toddlers. committee on sports medicine and fitness and committee on injury and poison prevention", *American Academy of Pediatrics. Pediatrics*, Vol. 105, No. 1, 2000.

Liu, Q. , Zhang, L. , Li, J. , Zuo, D. , Kong, D. , Shen, X. et al. , "The gap in injury mortality rates between urban and rural residents of Hubei province, China", *BMC Public Health*, Vol. 12, No. 1, 2012.

Mccool, J. , Moran, K. , Ameratunga, S. , & Robinson, E. , "New Zealand beachgoers' swimming behaviors, swimming abilities, and perception of drowning risk", *International Journal of Aquatic Research & Education*, Vol. 1, No. 1, 2008.

Mccool, J., Ameratunga, S., Moran, K., & Robinson, E., "Taking a risk perception approach to improving beach swimming safety", *International Journal of Behavioral Medicine*, Vol. 16, No. 4, 2009.

Mcclure, R. J., Davis, E., Yorkston, E., Nilsen, P., Schluter, P., & Bugeja, L., "Special issues in injury prevention research: Developing the science of programimplementation", *Injury - international Journal of the Care of the Injured*, Vol. 41, No. S1, 2010.

Meyer, R. J., Theodorou, A. A., & Berg, R. A., "Childhood drowning", *Pediatrics in Review*, Vol. 27, No. 5, 2006.

Moran, K., "Aquatics education in New Zealand: A longitudinal study of secondary school curriculum practice (1987 - 1996)", *Journal of Physical Education New Zealand*, Vol. 31, No. 3, 1998.

Moran, K., *Re - thinking drowning risk: The role of water safety knowledge, attitudes and behaviours in the aquatic recreation of New Zealand youth*. New Zealand Palmerston North: Massey University. 2006.

Moran, K., "What aquatic recreation youth do in New Zealand: Fact Sheet 1", *Journal of Physical Education New Zealand*, Vol. 40, No. 1, 2007.

Moran, K., "Will they sink or swim? New Zealand youth water safety knowledge and skills", *International Journal of Aquatic Research & Education*, No. 2, 2008.

Morgenstern, H., Bingham, T., & Reza, A., "Effects of pool - fencing ordinances and other factors on childhood drowning in Los Angeles County, 1990 - 1995", *American Journal of Public Health*, Vol. 90, No. 4, 2000.

Morrongiello, B. A., & Matheis, S., "Determinants of children's risk - taking in different social - situational contexts: The role of cognitions and emotions in predicting children's decisions", *Journal of Applied Developmental Psychology*, Vol. 25, No. 3, 2004.

Mosayebi, Z. , Movahedian, A. H. , Mousavi, G. A. , "Drowning in children in Iran: Outcomes and prognostic factors", *Medical Journal of Malaysia*, Vol. 66, No. 3, 2011.

Ng, S. C. , "The epidemiology and prevention of drowning in Singapore", *Singapore Medical Journal*, Vol. 45, No. 7, 2004.

Nixon, J. W. , Pearn, J. H. , & Petrie, G. M. , "Childproof safety barriers", *Australian Paediatric Journal*, Vol. 15, No. 4, 1979.

O'Carroll, P. W. , Alkon, E. , & Weiss, B. , "Drowning mortality in Los Angeles County, 1976 to 1984", *Jama the Journal of the American Medical Association*, Vol. 260, No. 3, 1988.

O'Flaherty, J. E. , & Pirie, P. L. , "Prevention of pediatric drowning and near-drowning: A survey of members of the American academy of pediatrics", *Pediatrics*, Vol. 99, No. 2, 1997.

Pearn, J. H. , Nixon, J. , & Wilkey, I. , "Freshwater drowning and near-drowning accidents involving children: A five-year total population study", *Medical Journal of Australia*, Vol. 2, No. 2, 1976.

Pearn, J. H. , Nixon, J. , "Bathtub immersion accidents involving children", *Medical Journal of Australia*, Vol. 1, No. 7, 1977.

Pearn, J. H. , Nixon, J. , "An analysis of the causes of freshwater immersion accidents involving children", *Accident Analysis & Prevention*, Vol. 11, No. 3, 1979.

Pearn, J. H. , Nixon, J. , Franklin, R. C. , Wallis, B. , "Safety legislation, public health policy and drowning prevention", *International Journal of Injury Control and Safety Promotion*, Vol. 15, No. 2, 2008.

Peden, M. , Oyegbite, K. , Ozanne-Smith, J. , Hyder, A. A. , Branche, C. , & Rahman, A. K. M. F. et al. , *World report on child injury prevention*, 2008.

Petrass, L. A. , & Blitvich, J. D. , "Preventing adolescent drowning: Understanding water safety knowledge, attitudes and swimming ability. The effect of a short water safety intervention", *Accident analysis and prevention*, Vol. 70,

No. 5, 2014.

Petronis, K. A., Welch, J. C., Pruitt, C. W., "Independent risk factors for beach - related injuries in children", *Clinical Pediatrics*, Vol. 48, No. 5, 2009.

Pitt, W. R., &Balanda, K. P., "Childhood drowning and near - drowning in Brisbane: The contribution of domestic pools", *Medical Journal of Australia*, Vol. 154, No. 10, 1991.

Posner, J. C., Hawkins, L. A., Garcia - Espana, F., Durbin, D. R., "A randomized, clinical trial of a home safety intervention based in an emergency department setting", *Pediatrics*, Vol. 113, No. 6, 2004.

Quan, L., "Characteristics of drowning by different age groups", *Injury Prevention*, Vol. 9, No. 2, 2003.

Quan, L., Bennett, E., Cummings, P., Henderson, P., DelBeccaro, M. A., "Do parents value drowning prevention information at discharge from the emergency department?", *Annals of Emergency Medicine*, Vol. 37, No. 4, 2001.

Quan, L., Bennett, E., Branche, C. M., "*Interventions to Prevent Drowning. Handbook of Injury and Violence Prevention*", US, Springer, 2008.

Quan, L., Cummings, P., "Characteristics of drowning by different age groups", *Injury Prevention*, Vol. 9, No. 2, 2003.

Quan, L., Pilkey, D., Gomez, A., Bennett, E., "Analysis of paediatric drowning deaths in Washington state using the child death review (CDR) for surveillance: What CDR does and does not tell us about lethal drowning injury", *Injury Prevention*, Vol. 17, No. s1, 2011.

Rahman, A., Mashreky, S. R., Chowdhury, S. M., Giashuddin, M. S., Uhaa, I. J., & Shafinaz, S. et al, "Analysis of the childhood fatal drowning situation in Bangladesh: Exploring prevention measures for low - income countries", *Injury Prevention*, Vol. 15, No. 2, 2009.

Ross, F. I., Elliott, E. J., Lam, L. T., Cass, D. T., "Children under 5 years presenting to paediatricians with near - drowning", *Journal of Paediatrics & Child Health, Vol. 39, No. 6, 2003.

Rivara, F. P., Grossman, D. C., & Cummings, P., "Injury prevention. Second of two parts", *New England Journal of Medicine*, Vol. 337, No. 9, 1997.

Ruth A. Brenner, GitanjaliSaluja, Gordon S. Smith., "Swimming lessons, swimming ability, and the risk of drowning", *International Journal of Injury Control and Safety Promotion*, Vol. 10, No. 4, 2003.

Saluja, G., Brenner, R. A., Trumble, A. C., Smith, G. S., Schroeder, T., Cox, C., "Swimming pool drownings among US residents aged 5 – 24 years: Understanding racial/ethnic disparities", *American Journal of Public Health*, Vol. 96, No. 4, 2006.

Sandomierski, M., *Are parents treading water when it comes to awareness of children's drowning risk? the impact of children's swimming lessons on parents' perceptions of children's drowning risk, swimming ability, and supervision needs around outdoor water.* Canada, Guelph Ontario: University of Guelph, 2011.

Schwebel, D. C., Simpson, J., Lindsay, S., "Ecology of drowning risk at a public swimming pool", *Journal of Safety Research*, Vol. 38, No. 3, 2007.

Shen, J., Pang, S., Schwebel, D. C., "Evaluation of a drowning prevention program based on testimonial videos: A randomized controlled trial", *Journal of Pediatric Psychology*, Vol. 41, No. 5, 2015.

Shen, J., Pang, S., Schwebel, D. C., "Cognitive and behavioral risk factors for unintentional drowning among rural Chinese children", *International Journal of Behavioral Medicine*, Vol. 23, No. 2, 2016.

Sutherland, I., *Health education. Perspectives and choices.* George Allen & Unwin, 1979.

Stevenson, M. R., Rimajova, M., Edgecombe, D., Vickery, K., "Childhood drowning: Barriers surrounding private swimming pools", *Pediatrics*, Vol. 111, No. 2, 2003.

Strauss, A, Corbin, J, M., "Basics of qualitative research: Grounded theory procedures and techniques", *Modern Language Journal*, Vol. 77, No. 2, 1990.

Theodorakis, Y., "Effects of self-efficacy, satisfaction, and personal goals on swimming performance", *Sport Psychologist*, Vol. 9, No. 3, 1995.

Towner, E., & Towner, J., "UNICEF: A league table of child deaths by injury in rich nations", *Injury Prevention*, Vol. 7, No. 2, 2001.

Turgut, T., Yaman, M., & Turgut, A., "Educating children on water safety for drowning prevention", *Social Indicators Research*, Vol. 129, No. 2, 2015.

Unicef, *A league table of child deaths try injury in rich ctia*. Florence, Unicef Innocenti Research Centre: 2001.

Van Beeck, E. F., Branche, C. M., Szpilman, D., Modell, J. H., Bierens, J. J., "A new definition of drowning: Towards documentation and prevention of a global public health problem", *Bulletin of the World Health Organisation*, Vol. 83, No. 11, 2005.

Wallis, B. A., Watt, K., Franklin, R. C., Taylor, M., Nixon, J. W., Kimble, R. M., "Interventions associated with drowning prevention in children and adolescents: Systematic literature review", *Injury Prevention*, Vol. 21, No. 3, 2014.

Weiss, J., Gardner, H. G., Baum, C. R., Dowd, M. D., Durbin, D. R., Ebel, B. E. et al., "Policy statement - prevention of drowning", *Pediatrics*, Vol. 126, No. 1, 2010.

Weiss, J., "Technical report—Prevention of drowning", *Pediatrics*, Vol. 126, No. 1, 2010.

Wen, J. M., Shao, P. N., Hao, F. X., Yan, J. X., Xiu, L. S., Qiao, Z. G. et al., "An analysis of risk factors of non-fatal drowning among children in rural areas of Guangdong province, China: A case-control study", *BMC Public Health*, Vol. 10, No. 1, 2010.

Yang, L., Nong, Q. X., Li, C. L., & Feng, Q. M., "A case-control study on risk factors of drowning among children aged between 1 and 14 in rural areas of Guangxi", *Chinese Journal of Epidemiology*, Vol. 27, No. 10, 2006.

Yang, L., "Risk factors for childhood drowning in rural regions of a developing country: A case-control study", *Injury Prevention*, Vol. 13, No. 3, 2007.

Zhang, P. B., Chen, R. H., Deng, J. Y., Xu, B. R., Hu, Y. F., "Evaluation on intervening efficacy of health education on accidental suffocation and drowning of children aged 0 - 4 in countryside", *Zhonghua Er Ke Za Zhi*, Vol. 41, No. 7, 2003.

Zuckerbraun, N. S., Saladino, R. A., "Pediatric drowning: Current management strategies for immediate care", *Clinical Pediatric Emergency Medicine*, Vol. 6, No. 1, 2005.

网络文献

袁贵仁：安全是学校头等要紧的大事，2016年4月11日，中国教育，http://www.edu.cn/edu/jiao_yu_bu/xin_wen_dong_tai/201604/t20160411_1385282.shtml。

《2012中国卫生统计年鉴》，2013年11月7日，国家卫生计生委，http://www.moh.gov.cn/htmlfiles/zwgkzt/ptjnj/year 2012/index2012.html。

《2013中国卫生统计年鉴》，2014年4月3日，国家卫生计生委，http://www.nhfpc.gov.cn/htmlfiles/zwgkzt/ptjnj/year2013/index2013.html。

《2014年上半年学生溺水事件汇总》，2014年8月28日，国家安全管理网，http://www.safehoo.com/Live/Aid/nsjj/201408/362835.shtml。

《长江大学阶梯救援溺水少年》，2010年2月11日，中国新闻网，http://ews.china.com.cn。

《大学生为留毕业照跳西湖溺亡》，2011年6月30日，新浪新闻中心，http://news.sina.com.cn/s/2011-06-30/014222729223.shtml。

《儿童溺水干预技术指南》，2011年9月8日，国家卫生部，http://

www. wiki8. com/ertongnishuiganyu jishuzhinan_120260/Archive_162685. html。

《方盛虎舍身救溺水学妹遇难，感动琼鄂》，2013年7月5日，武汉体育学院，http：//www. wipe. edu. cn/info/1197/3074. htm。

国家卫生和计划生育委员会：《2014中国卫生和计划生育统计年鉴》，中国协和医科大学出版社2014年版。

国家卫生和计划生育委员会：《2015中国卫生和计划生育统计年鉴》，中国协和医科大学出版社2015年版。

国家卫生和计划生育委员会：《2012中国卫生统计年鉴》，http：//www. moh. gov. cn/htmlfiles/z wgkzt/ptjnj/year2012/index2012. html。

国家卫生和计划生育委员会：《2013中国卫生统计年鉴》，http：//www. nhfpc. gov. cn/htmlfiles/zwgkzt/ptjnj/year2013/index2013. html。

《湖北阳新一大学生酒后游泳溺水身亡》，2014年7月29日，人民网，http：//hb. people. com. cn/n/2014/0729/c194063-21807430. html。

《江北溺水危险水域示意图分布》，2014年8月29日，宁波市安全生产协会，http：//www. nbsafety. org. cn/home/article/1156. shtml。

《教育部办公厅关于防范假期学生溺水事故的预警通知》，2016年7月22日，中华人民共和国教育部，http：//www. moe. edu. cn/srcsite/A11/s7057/201608/t20160804_274040. html。

《教育部办公厅关于防范假期学生溺水事故的预警通知》，2016年7月22日，中华人民共和国教育部，http：//www. moe. edu. cn/srcsite/A11/s7057/201608/t20160804_274040. html。

《教育部办公厅关于预防学生溺水事故切实做好学生安全工作的通知》，2012年5月11日，中华人民共和国教育部，http：//www. gov. cn/zwgk/2012-05/11/content_2134722. htm。

《李健被追授为我省优秀团员》，2010年7月30日，网易新闻，http：//news. 163. com/10/0730/03/6CQE8SSV00014AED. html。

《溺水是儿童及青少年十大死因之一》，2014年11月18日，世界卫生组织（http：//health. people. com. cn/n/2014/1118/c14739-26046979. html）。

《溺水是中国青少年第二大杀手，仅次于汽车》，2016 年 5 月 14 日，环球网，http：//oversea. huanqiu. com/article/2016 - 05/8929150. html。

《溺水问题全球报告：预防主要杀手》，2014 年 11 月，世界卫生组织，http：//www. who. int/mediacentre/factsheets/fs347/zh/。

《女大学生勇救落水学生后溺亡》，2012 年 7 月 29 日，搜狐网，http：//roll. sohu. com/20120729/n349277661. shtml。

《确保防溺水教育落实到每一名学生》，2012 年 4 月 10 日，国家教育部，http：//edu. qq. com/a/20140410/004599. htm。

《水上安全及预防溺水的守则》，2013 年 12 月 28 日，搜狐网，http：//roll. sohu. com/20130607/n378270819. shtml。

英国皇家救生协会：《Teaching Water Safety》，http：//www. rlss. org. uk/water - safety/teach ing - water - safety/。

《有人溺水怎么办——水上救生顺序》，2011 年 4 月 29 日，悠游网，http：//www. xmswim. com/thread - 39 954 - 1 - 1. html。

Pool and Spa Safety Publications，U. S. Consumer Product Safety Commission，http：//www. cpsc. gov/cpscpub/pubs/5067. html.

Personal Flotation Device Manufacturing Association，http：// www. pfdma. org.

Drowning，Harborview Injury Prevention and Research Center（HIPRC）Best Practices，http：depts. washington. edu/hiprc/practices/topic/drowning/index. html.

附　　录

附录一：大学生水域安全教育现状调查表

本课题组拟对大学生水域安全教育现状进行调查，了解大学生水域安全教育的整体情况，目的在于减少学生水域安全事故的发生。本问卷不记名，问卷的结果保密，请在您感觉合适的选项□中划"√"或在"_____"上作答。非常感谢您的支持与帮助！

华中师范大学大学生水域安全教育课题组

一　基本信息：

1. 性别：□男　□女　2. 年龄：□岁（已满）
3. 现居住地：□城市　□农村　4. 年级：□年级
5. 您所在学校是否有游泳池：□有　□没有
6. 学校□发放水域安全教育读本？
□从未如此　□很少如此　□不确定　□有时如此　□总是如此
7. 学校里面□有关于水域安全教育的宣传？
□从未如此　□很少如此　□不确定　□有时如此　□总是如此
8. 学校□禁止学生在非开放性的区域游泳？
□从未如此　□很少如此　□不确定　□有时如此　□总是如此
9. 您和您身边的人是否发生过溺水（可多选）？
□自己　□父母　□长辈　□兄妹　□同学　□同伴　□老师
10. 您获得水域安全知识的途径有（可多选）：
□老师　□父母　□同学　□校外讲座　□广播电视　□报刊书籍

□电脑、网站 □游泳教练 □其他_____

11. 您认为避免水域安全事故的最好方法是（可多选）：

□不下水 □学会游泳 □掌握基本的水域安全知识 □学会自救技能 □提高水域安全意识 □在大人的陪同下游泳 □带救生器材游泳

12. 您希望开设水域安全教育课程吗？

□希望 □无所谓 □不希望

13. 您参加过以下哪些水域活动（可多选）：

□游泳 □钓鱼 □划船 □冲浪 □潜水 □其他_____

14. 您一般在一天的哪些时间段去游泳或嬉水（可多选）：

□上午 □中午 □下午 □晚上

15. 您一般在星期几去游泳或嬉水（可多选）：

□周一 □周二 □周三 □周四 □周五 □周六 □周日

16. 您常去游泳的地方是（可多选）：

□游泳池 □海边 □小河 □池塘 □湖里 □其他_____

17. 您认为您的游泳技能达到了什么水平？

□完全不会游泳 □掌握了个别游泳技能 □游泳技能达到考核水平

二 风险态度量表

序号	指导语：请仔细阅读它们，并根据句子的内容与您的实际情况相符合的程度，在相应的选项上划"√"	完全不赞同	不太赞同	有点赞同	比较赞同	完全赞同
1	下水游泳前，不用考虑水域是否存在安全隐患					
2	擅长游泳的人就一定不会溺水					
3	在江河中游泳不会有危险					
4	同伴溺水，最好的办法是赶紧跳下水去救助					
5	在游泳池的浅水区就一定不会溺水					
6	和会游泳的同学去游泳，没有大人在也没关系					

续表

序号	指导语：请仔细阅读它们，并根据句子的内容与您的实际情况相符合的程度，在相应的选项上划"√"	完全不赞同	不太赞同	有点赞同	比较赞同	完全赞同
7	只要穿了救生衣去游泳就一定很安全					
8	只要不下水，即使在水边玩水也没有危险					
9	在冰上行走是一件很安全的事情					
10	穿着衣服游泳也很安全					

三 水域高危行为量表

序号	指导语：请仔细阅读它们，并根据句子的内容与您的实际情况相符合的程度，在相应的选项上划"√"	从未如此	很少如此	有时如此	时常如此	总是如此
1	在没有大人的陪同下游泳					
2	在没有设置安全保障的野外水域游泳					
3	在天气情况极差时下水游泳					
4	在不知深浅的水域跳水					
5	私自去水边玩耍					
6	在游泳时和同伴打闹					
7	在存在卫生隐患的水域游泳					
8	在水草较多的水域中游泳					
9	游泳时间很长了，已疲倦还不想上岸					
10	生病时仍去游泳					

四 水域安全知识量表

序号	指导语：请仔细阅读它们，并根据句子的内容与您的实际情况相符合的程度，在相应的选项上划"√"	非常熟悉	熟悉	不确定	不熟悉	非常不熟悉
1	您知道水域安全的内容吗？					
2	您知道救助落水者的常用方法吗？					
3	您了解水中自救的方法吗？					
4	您知道心肺复苏的方法吗？					

续表

序号	指导语：请仔细阅读它们，并根据句子的内容与您的实际情况相符合的程度，在相应的选项上划"√"	非常熟悉	熟悉	不确定	不熟悉	非常不熟悉
5	您了解常见的水域安全标志吗？					
6	您知道发现他人落水时的正确做法吗？					
7	您知道如何正确使用救生衣、救生圈吗？					
8	您知道溺水时采取哪种求救方法最有效吗？					
9	您知道游泳疲劳时采取什么休息姿势最安全吗？					

五 水域安全技能量表

序号	指导语：请仔细阅读它们，并根据句子的内容与您的实际情况相符合的程度，在相应的选项上划"√"	非常熟悉	熟悉	不确定	不熟悉	非常不熟悉
1	您会水中换气技术吗？					
2	您会潜泳技能吗？（身体不露出水面，连续游10米）					
3	您会游泳吗？（不限泳姿，连续游25米）					
4	您会水中漂浮技术吗？					
5	您会水中踩水技术吗？					
6	您会在水中使用韵律呼吸的技能吗？					
7	您会水中脱衣吗？					
8	您掌握穿着普通服装时安全游泳的技术吗？					
9	您会借物漂浮技术吗？					
10	您会岸上救生技术吗？					

附录二：《大学生水域安全分层教育》教学大纲

一 教学目标与手段

（一）通过游泳课程的学习，使学生掌握水域安全的基本安全知识、技术和技能，培养对游泳运动的兴趣，提高运动能力，形成良好的体育健身意识，为终身体育奠定基础。

（二）学习自我体能、天气状况、水域环境的判断方法及标准，了解和掌握游泳忌讳、水域活动安全要点、水域安全标志的相关知识。

（三）分步骤学会水中运动的呼吸方法，掌握漂浮和打腿的基本技能，了解和掌握蛙泳、自由泳、仰泳等技术特点。

（四）学会水中受伤自救法，包括水中抽筋自救、踩水呼救、制作简易浮具等，逐步了解和掌握抛投救助技能、岸上呼救、寻找浮具、岸上救援步骤、岸上救生器材选择、水中意外自救的注意事项、意外事故救援处理流程、溺水者状态识别、溺水急救常识等现场赴救技能。

（五）通过游泳学习和锻炼，提高学生有氧代谢能力，改善心肺功能，提高学生的身体健康水平，促进身心全面发展，进一步增强体质。

二 教法特点

（一）教学内容组织安排

1. 水域安全知识是学习游泳的基础，通过讲解不断加深学生对水域安全知识的了解；熟悉水性：要用游戏性的练习帮助学生尽快克服怕水心理，帮助学生建立学习的兴趣，在游戏中使学生掌握基本的水性。

2. 游泳的换气教学要贯穿游泳教学的整个过程：原地深呼吸练习，与手臂的配合练习，与扶板蹬腿的配合练习，与完整的蛙泳配合练习。

3. 在蛙泳的技术教学中，要善于将简单的力学原理与蛙泳技术教学相结合，使学生从理性的角度去理解技术原理，并在实践中更好、更快地掌握蛙泳技术。

4. 加强学生溺水自救和救溺的能力和知识方法，通过穿插在技能教学之中达到潜移默化的教学效果。

（二）教学方法

1. 讲解与示范相结合的方法。

2. 分解与完整相结合的方法。

3. 重复练习与安排合理的运动量相结合的方法。

（三）教学中运用的手段

1. 加强学生的思想教育工作，发挥其主观能动性，克服困难，努力完成游泳课的教学任务。

2. 重视游泳基础理论，基本技术的传授和基本技能的培养。使学生掌握游泳场地、设备、安全、卫生、水上救护等有关知识。使学生掌握蛙泳、仰泳及自由泳等游泳技能，了解游泳教学的特点。培养学生具有组织教学的能力，做到会讲、会教、会示范。

3. 根据学生的不同水平、不同特点、区别对待，因人施教。加强组织纪律教育、培养学生遵守纪律的自觉性，采取积极有效的措施，以保证教学的顺利进行。

三 教学内容

（第一至第五章为初级，第六至第九章为中级，第十至第十二章为高级）

第一章

（一）教学要求

1. 了解水域安全分层教学课程的内容。

2. 熟悉国内外水域安全的发展状况。

3. 掌握水域安全分层教学课程的意义。

（二）主要内容

1. 讲授内容：

①《水域安全分层教学》课程的意义；

②《水域安全分层教学》课程的内容。

2. 自学内容：

①绪论；

②国内外水域安全发展状况。

第二章

（一）教学要求

1. 掌握泳前防溺知识，培养学生的判断能力。

2. 掌握俯卧漂浮基本泳姿技能。

3. 掌握水中漂浮自救技能。

（二）主要内容

1. 理论部分：泳前自我体能、天气状况、水域环境的判断方法及标准。

2. 实践部分：

（1）学习俯卧漂浮；

（2）水中漂浮（韵律呼吸、水母漂）。

第三章

（一）教学要求

1. 牢记游泳忌讳。

2. 掌握水中交替打腿的游泳技能。

3. 学习水中漂浮，掌握仰漂、十字漂浮的自救技能。

（二）主要内容

1. 理论部分：游泳忌讳。

2. 实践部分：

（1）交替打腿；

（2）掌握仰漂、十字漂浮。

第四章

（一）教学要求

1. 了解并熟记水域活动的安全要点。

2. 掌握踩水呼救、水中抽筋的自救技能。

（二）主要内容

1. 理论部分：水域活动安全要点。

2. 实践部分：

（1）踩水呼救；

（2）水中抽筋自救。

第五章

（一）教学要求

1. 学会识别水域安全标志，谨记标志的含义。

2. 掌握俯卧游进游泳技能。

3. 学习制作简易浮具。

（二）主要内容

1. 理论部分：水域安全标志。

2. 实践部分：

（1）俯卧游进。

（2）制作简易浮具。

第六章

（一）教学要求

1. 了解岸上间接救援知识。

2. 掌握蛙泳完整泳姿技能。

3. 掌握借助辅助物（软性辅助物）救助技能。

（二）主要内容

1. 理论部分：

（1）岸上救援步骤；

（2）岸上救生器材选择；

（3）岸上呼救；

（4）寻找浮具。

2. 实践部分：

（1）蛙泳腿部蹬水动作；

（2）蛙泳手臂划水动作；

（3）配合韵律呼吸的完整蛙泳动作；

（4）岸上借助软性辅助物救助。

第七章

（一）教学要求

1. 牢记水中意外自救的注意事项。

2. 掌握自由泳的完整配合动作。

3. 掌握借助辅助物（硬性辅助物）救助技能。

（二）主要内容

1. 理论部分：水中意外自救的注意事项，如应脱掉鞋子和重衣服，同时在水中大声呼救。

2. 实践部分：

（1）自由泳腿部分解动作；

（2）自由泳手臂划水动作；

（3）配合韵律呼吸的完整自由泳技术；

（4）岸上借助硬性辅助物救助。

第八章

（一）教学要求

1. 学习并牢记水中意外受伤、水草缠身的自救办法。

2. 掌握侧泳的完整配合技术动作。

3. 掌握抛投救助技能。

（二）主要内容

1. 理论部分：

（1）水中受伤自救知识；

（2）摆脱水草缠身的方法。

2. 实践部分：

（1）侧泳腿部剪式蹬水动作；

（2）侧泳手臂划水动作；

（3）侧泳完整配合动作；

（4）抛投救助技能。

第九章

（一）教学要求

1. 了解水中身陷漩涡、冷水求生意外自救知识。

2. 掌握踩水实用游泳技能。

（二）主要内容

1. 理论部分：

（1）水中身陷漩涡自救；

（2）冷水中求生技巧。

2. 实践部分：踩水。

第十章

（一）教学要求

1. 学习水中直接救援知识。

2. 掌握规范的仰泳游泳技能。

3. 初步掌握现场赴救技能。

（二）主要内容

1. 理论部分：

（1）溺水者状态识别；

（2）意外事故救援处理流程；

（3）涉水救援；

（4）溺水急救常识。

2. 实践部分：

（1）仰泳的完整配合动作；

（2）现场赴救救生技能。

第十一章

（一）教学要求

1. 了解溺水施救步骤，学习溺水急救技术。

2. 使用规范、正确的泳姿进行速度游。

3. 掌握水中解脱救助技能。

（二）主要内容

1. 理论部分：

（1）溺水施救步骤；

（2）溺水急救技术。

2. 实践部分：

（1）速度游；

（2）四种泳姿任意混合游进；

（3）水中解脱救生技能。

第十二章

（一）教学要求

1. 牢记溺水救护的应急要点。

2. 能够完美地做出四种泳姿的完整配合动作并达到规定游程。

3. 掌握心肺复苏技能。

（二）主要内容

1. 理论部分：溺水救护的应急要点。

2. 实践部分：

（1）四种泳姿任意混合游进；

（2）操作演练心肺复苏技能。

四　主要参考资料

1. 参见舟山红十字会编印《舟山市红十字会水上安全教练员培训手册》，2013 年版。

2. 参见国家体育总局职业技能鉴定指导中心组编《游泳》，高等教育出版社 2010 年版。

3. 参见谢伦立、刘振卿主编《游泳课堂》，人民体育出版社 2011 年版。

4. ［美］大卫·托马斯：《教你学游泳》，林琳译，黑龙江科学技术出版社 2007 年版。

五 大学生水域安全分层考核细则及其评分标准

初级学生水域安全技能考核评分表

学生基本信息

学校		姓名		性别		年龄		年级		总成绩	

游泳技能考核评分表（权重55%）

内容	分值	考核要点	扣分标准	得分	备注
借助浮具原地交替打腿	22分	1. 身体呈流线型，与水面平行； 2. 两腿分别向相反方向一上一下运动； 3. 脸浸入水中，水中呼气，抬头吸气	1. 身体没有与水平面平行扣8分； 2. 打腿节奏不鲜明扣7分； 3. 呼吸没有按照要求扣7分		
俯卧漂浮加交替打腿（男女均5米）	19分	1. 身体呈流线型，手臂在头前方完全伸展； 2. 呼吸自然，脸浸入水中，水里呼气，抬头吸气	1. 身体没有与水平面平行扣5分； 2. 手臂没有呈火箭式向头前完全伸展扣4分； 3. 打腿漂浮期间停留或身体姿势变形扣5分； 4. 呼吸方法错误扣5分； 5. 中途停留1次扣10分，停留两次扣完		
仰卧漂浮加交替打腿（男女均5米）	32分	1. 身体呈流线型，两臂位于身体两侧，双手在髋部位置做有效推进； 2. 膝盖利胸不能露出水面 3. 呼吸顺畅	1. 身体没有与水平面平行扣7分； 2. 手臂没有位于身体两侧扣5分； 3. 膝盖或胸脚高出水面扣10分； 4. 打腿漂浮期间停留或身体姿势发生变形扣5分； 5. 呼吸不顺畅扣5分； 6. 中途停留1次扣10分，停留两次扣完		水中操作（必考）
俯卧游进（男25米，女20米）	27分	1. 脸浸入水中并在水下呼气； 2. 保持接近水平的身体姿势； 3. 双腿向相反方向一上一下交替打腿； 4. 手臂按照圆形轨迹向头前伸展，推水时需经过肚脐	1. 身体姿势没有保持水平扣7分； 2. 没有在水中呼气扣5分； 3. 打腿节奏不鲜明扣8分； 4. 手臂动作错误扣7分； 5. 中途停留1次扣10分，停留两次扣完		

注：总成绩＝游泳技能总分×权重×救生技能总分
考评员签字： 日期： 年 月 日

初级救生技能考核评分表（权重45%）

水中漂浮自救技能考核评分表

内容	分值	考核要点	扣分标准	得分	总分	备注
水母漂（男1分钟，女30秒）	20分	1. 深吸气之后，脸向下埋在水中，双足与双手向下自然伸直，与水面略成垂直； 2. 换气时，双手放开再抬头吸气； 3. 身体放松，加大身体与水面接触的面积； 4. 自然呼吸，有节奏地进行换气	1. 脚和手没有自然放松扣5分； 2. 呼吸方式错误扣5分； 3. 换气节奏不鲜明扣10分； 4. 漂浮期间中断1次扣10分，中断两次扣完			水中操作（任选其一）
十字漂浮（男1分钟，女30秒）		1. 全身放松，双臂平展，双腿前后分立，俯卧漂浮在水中； 2. 换气时，双臂前移，向下划压，双腿夹拢，身体上浮，接机吐气并立即吸气	1. 身体姿势没有呈十字型扣5分； 2. 呼吸方式错误或换气节奏不鲜明扣10分； 3. 双腿没有前后立扣5分； 4. 漂浮期间中断1次扣10分，中断两次扣完			
仰漂（男1分钟，女30秒）	21分	1. 身体放松，吸饱气憋在胸腔内； 2. 仰头挺腰，双手后伸自然浮在水面上或者双手向两边伸成大字型，掌心向上； 3. 换气时，快吐快吸，瞬间换气	1. 身体姿势没有与水平面平行且没有呈大字型扣6分； 2. 整个后脑勺没有浸入水中（包括两耳）扣5分； 3. 双腿没有前后自然伸展扣5分； 4. 双手没有自然伸直，呼吸节奏紊乱扣5分； 5. 漂浮期间中断1次扣10分，中断两次扣完			水中操作

考评员签字：　　　　　日期：　　年　月　日

初级抽筋自解考核评分表

内容	分值	考核要点	扣分标准	得分	总分	备注
抽筋自解（42分） 足趾	21分	1. 用手握住足趾，并向抽筋部位的反方向用力拉；2. 用拇指压住屈趾肌的肌腹，并用力揉捏；3. 以水母漂浮姿势自救和按摩，直至复原为止	1. 没握住抽筋足趾扣5分；2. 没向相反方向用力拉扣5分；3. 没有揉捏扣5分；4. 没有以水母漂浮姿势自救按摩扣6分			水中操作（任选其一）
手指		1. 先用力握拳，然后迅速用力张开；2. 用另一手向后压抽筋手指；3. 重复此动作，直至复原为止	1. 没握拳并迅速张开扣5分；2. 没向相反方向用力按压抽筋手指扣10分；3. 没有重复动作扣6分			
手掌		1. 两掌相合，手指交叉，反转掌心向外，用力伸张；2. 重复此动作，直至复原为止	1. 没有反转掌心扣10分；2. 没有重复动作扣11分			
上臂		1. 握拳并尽量屈肘，使前臂贴紧上臂；2. 用力伸直，并按摩抽筋部位；3. 如此重复动作，直至复原为止	1. 没屈肘紧贴上臂扣5分；2. 没摩抽筋部位扣10分；3. 没有重复动作扣6分			
小腿	21分	1. 用手握住抽筋腿的脚趾，用力向上拉，使抽筋腿伸直，然后用力揉捏其肌腹；2. 用另一只腿踩水，另一只手划水，帮助身体上浮；3. 如此重复动作，直至复原为止	1. 另一只腿和另一只手没有以踩水和划水姿势帮助身体漂浮扣6分；2. 没将抽筋腿伸直扣5分；3. 没有重复动作扣5分；4. 上岸后没有反复按摩扣5分			水中操作（任选其一）
大腿 股四头肌抽筋		1. 先做水母漂浮姿势；2. 然后屈膝抱住足背向臀部方向按压，让足跟及足底尽量靠近臀部，使抽筋的肌肉尽量伸直；3. 再轻轻地按摩，使僵硬的部位变软，如此重复动作，直至复原为止	1. 做错漂浮姿势扣5分；2. 没抱住足背臀部按压扣10分；3. 没有重复按摩抽筋部位扣6分			
大腿 股二头肌抽筋		1. 先做仰浮姿势；2. 然后一只手抓住膝关节，并在抽筋部位用力揉捏；3. 再反复按摩僵硬的部位，如此重复动作，直至复原为止	1. 做错漂浮姿势扣5分；2. 两手抓握或按压部位错误扣6分；3. 没有重复按摩抽筋部位扣10分			
腹部		1. 先仰卧水里；2. 把双腿向腹部弯收，再伸直，重复几次；3. 上岸后可按中脘穴、配合按三里穴	1. 做错漂浮姿势扣5分；2. 两手抓握住足背按摩或弯收再伸直扣6分；3. 双腿没有重复扣10分			

考评员签字： 日期： 年 月 日

初级浮具制作考核评分表

内容	分值	考核要点	扣分标准	得分	总分	备注
浮具制作（17分）	17分	用衣服制作浮具：1. 借助踩水漂浮姿势先使身体漂浮；2. 将两个袖口打结，将第一个扣子反扣在衣领后，两手抓住衣角高举前扑，使衣服形成气囊；4. 两手均衡抓握浮具，将上身轻轻浮在浮具上以辅助漂浮	1. 没有采用踩水姿势或站在水底扣5分；2. 扣子打结动作错误扣3分；3. 气囊没有形成扣5分；4. 没有正确使用气囊扣4分			水中操作
		用裤子制作浮具：1. 先脱掉鞋，将长裤脱下，将裤角端用力打上结，开放置于自救者头部后方，快速将裤腰从头部后方向前移动，使得裤管充满气，形成了两个气袋后将裤腰打上结；3. 将头部置于两气袋之间以辅助漂浮	1. 没有采用踩水姿势或站在水底扣5分；2. 将裤腰打结动作错误扣3分；3. 气囊或裤管气体不足扣5分；4. 没有正确使用气囊扣4分			（任选其一）

考评员签字：　　　　　　日期：　　年　　月　　日

中级学生水域安全技能考核评分表

学生基本信息

学校		姓名		性别		年龄		年级		总成绩	

游泳技能考核评分表（权重50%）

内容	分值	考核要点	扣分标准	得分	总分	备注
蛙泳 （男25米，女20米）	34分	1. 腿部动作需清晰做到收、翻、蹬、夹四个基本姿势；2. 手臂需清晰做到划手、收肘，伸三个关键动作；3. 手臂、腿部及呼吸的得分比例为1:1:1	1. 腿部收、翻、蹬、夹四个关键动作做错或少一个扣4分；2. 划手、收夹肘及伸手三个动作少做一个或者错一个扣4分；3. 配合比例不协调6分；4. 停留1次扣15分，停留两次扣完			
自由泳 （男25米，女20米）	21分	1. 身体呈流线型，手臂在头前方完全伸展；2. 两腿向相反方向上下连续性运动；3. 呼吸自然，水里呼气，抬头吸气	1. 身体没有呈水平位置扣3分；2. 手臂入水、抓水、划水、推水、出水，空中移臂等动作做错或少做一个扣2分；3. 吸气时向上抬或抬头呼吸不顺畅扣3分；4. 没有呈有节奏的鞭状打腿扣3分；5. 中途停留1次扣10分，停留两次扣完			水中操作
侧泳 （男25米，女20米）	11分	1. 身体和头部呈水平直线，做侧滑行姿势；2. 一只腿勾脚向前伸展，另一只腿绷脚向后伸展（呈剪刀状姿势）；3. 手臂向身体收拢，双手在胸前合并，合并后双手同时划开	1. 身体和头部没有呈水平一直线扣3分；2. 两腿没有做勾脚或伸直扣3分；4. 两腿没呈剪刀状或腿部动作混乱扣3分；4. 手臂没有在胸前合拢扣2分；5. 中途停留1次扣5分，停留两次扣完			（必考）
踩水呼救 （男30秒，女20秒）	34分	1. 双手以定向（顺逆时针均可）画圆划水，使身体保持平衡；2. 双臂肘关节露出水面呼吸自然；3. 双腿呈剪刀状一脚前一脚后，双脚剪到两脚交会处停止瞬间，再开始继续向前后分开；4. 大声呼叫目保持连续	1. 手脚动作混乱扣5分；2. 双臂肘关节没有露出水面6分；3. 水面或头部没有露出水面扣15分；4. 声音不洪亮目不连续扣8分；5. 中途停留1次扣15分，停留两次扣完			

考评员签字： 日期： 年 月 日

中级学生水域安全救生技能考核评分表（权重50%）

内容		分值	考核要点	扣分标准	得分	总分	备注
岸上辅助救助物	扔掷辅助物（带绳救生圈）	31分	1.大声呼救，同时紧握绳子的一头，可将其系在岸上或在绳头系个结后用脚踩住；2.用伸展的方式将辅助物朝上部45度角扔掷给溺水者；3.若没有扔掷到理想位置，迅速拉绳子再次扔掷；4.扔掷后为保持平稳须腾低膝盖或跪在地上，慢慢回拉；5.在用手去拉溺水者前，让其抓住岸边，若无法抓住，才伸手去拉救	1.没有大声呼救扣5分；2.没有将绳子一端固定好扣5分；3.扔掷方向或方法不对扣3分；4.没有将身体重心降低或即在地上扣8分；5.没有扔掷到理想位置1次扣5分；6.没有将溺水者救上岸扣5分			水中操作
	伸够辅助物（杆子、树枝、衣服等）	31分	1.一边大声呼救，一边寻找长、结实、有浮力且能够移动的辅助物（如杆子、木板、树枝、皮带、衣服等）；2.伸够前，身体成与岸边呈45度角，两腿伸展分开保持平稳；3.在延伸出辅助物后，单膝跪在地上，尽可能与岸边保持一定距离；4.在用手去拉溺水者前，让其抓住岸边。若无法抓住，才伸手去拉救	1.没有大声呼救扣5分；2.寻找辅助物不合适扣5分；3.救助前身体没有与岸边呈45度角且两腿伸展伏卧在岸上扣8分；4.与岸边太近扣5分；5.身体重心失去平衡没有及时放手或调整扣3分；6.没有将溺水者救上岸扣5分			（必考）
手接救助	个人手接	38分	1.保持镇定，大声呼救；2.观察周围环境是否安全；3.在用手拉溺水者之前，救助者须将身体重心俯卧在岸上，将身体牢牢连接岸上固定物；4.若被溺水者快要拉入水中时，应立即放手，待身体重心稳定后再进行施救	1.没有大声呼救扣8分；2.没有观察周围水域环境扣8分；3.没有将身体俯卧在岸上稳住重心扣10分；4.没有将身体与岸上固定物牢牢连接扣5分；5.身体失去平衡没有及时放手或调整扣5分；6.没有将溺水者救上岸扣5分			以个人手接考试为主
	团体手接		1.保持镇定，大声呼救；2.观察水深需在胸部以下且离岸不远；3.手拉手人链不要超过5人以上；4.互扣手腕；5.人与人两两面对面相互交错	1.没有大声呼救扣10分；2.没有观察水深或将溺水者离岸距离扣13分；3.手掌互握扣5分；4.救助人员面向同一方向扣5分；5.没有将溺水者救上岸扣5分			

考评员签字： 　　　　　　　日期： 　　年　　月　　日

高级学生水域安全技能考核评分表

学生基本信息

学校		姓名		性别		年龄		年级		总成绩	

游泳技能考评分表（权重45%）

内容	分值	考核要点	扣分标准	得分	总分	备注
25米速度游	39分	1. 蹬壁出发（提示）；2. 以自由泳游完全程；3. 男小于或等于20秒，女22秒	1. 没有使用自由泳游扣20分；2. 中途停留1次扣19分，停留两次扣完；3. 没有在规定时间内游完全程扣完			
仰泳（男25米，女20米）	32分	1. 入水：手臂自然放松，保持直臂，不能弯曲，小手指先入水，拇指向上，掌心向后侧外方，不能弯曲手肘和手腕，上臂内旋，同时伸展肩部，弯曲手肘，掌心由内、下，后逐渐转为向、下、前，肘关节和大臂慢慢向身体靠近，用力向脚部的方向推水；4. 出水：借助手掌压水的反弹力，手臂自然放松，肩部出水之后，由肩部带动大臂再小臂，最后手依次出水；5. 空中移臂：臂部自然放松，伸直，手迅速从大腿外侧方向提至肩部前面，并且垂直于水平面；6. 腿部动作要"屈膝下压"；7. 打水时，膝关节、小腿和脚不能露出水面	1. 前六点，每点动作没有做到位扣4分；2. 打水时，膝关节、小腿和脚露出水面扣8分；3. 停留一次扣15分，停留两次扣完			水中操作
100米混合泳	29分	1. 全程至少使用2个泳姿；2. 每一个泳姿的动作要领正确配合协调，呼吸顺畅；3. 每一个泳姿要游完20米	1. 没有达到泳姿数量扣10分；2. 动作要领出现明显错误全程扣10分；4. 单个泳姿没有游够20米扣5分；5. 途中停留1次扣15分，停留两次扣完			（必考）

注：总成绩 = 游泳技能总分 × 权重 + 救生技能总分 × 权重

考评员签字：　　　　　　　日期：　　　年　　月　　日

高级学生水域安全救生技能考核评分表（权重55%）

现场赴救考核评分表（前部分）

内容		分值	考核要点	扣分标准	得分	总分	备注
入水	蛙腿式	5分	1. 入水时，两腿向下做蛙泳蹬夹腿，同时两手臂向下抱压水； 2. 头部始终保持在水面上； 3. 眼睛始终不离赴救目标	1. 双臂或两腿没有分开，扣2分； 2. 水没过头部，扣1分； 3. 眼睛离开溺水者，扣2分			水中操作（必考）
	跨步式		1. 入水时，两手向前下方抱压水，同时两脚做剪水动作； 2. 头部始终保持在水面上； 3. 眼睛始终不离赴救目标	1. 双臂或两腿没有分开，扣2分； 2. 水没过考生头部，扣1分； 3. 眼睛离开溺水者，扣2分			
现场赴救技能(32分)	正面接近	11分	1. 入水后，游至离溺水者3米左右急停； 2. 下潜至溺水者髋部以下，将溺水者转体180度； 3. 单手或双手腋下控制住溺水者	1. 3米左右未急停下潜，扣3分； 2. 没有在髋部以下将溺水者转体180度，扣5分； 3. 未能有效控制住溺水者，扣3分			
	背面接近		1. 救生员游至距溺水者1—2米处急停； 2. 单手、双手托腋或夹胸控制住溺水者	1. 距离太近或太远，扣4分； 2. 没有急停，扣4分； 3. 未能有效控制溺水者，扣3分			
	侧面接近		1. 游至溺水者3米左右处，转为侧向游进，抓住溺水者近侧手腕； 2. 单手、双手托腋或夹胸控制住溺水者	1. 3米左右未侧向游进，扣3分； 2. 未抓住溺水者近侧手腕，扣5分； 3. 未能有效控制溺水者，扣3分			

考评员签字：　　　　　　　　　　　　日期：　　年　　月　　日

续表

现场赴救考核评分表（后部分）

内容		分值	考核要点	扣分标准	得分	总分	备注
现场赴救技能（32分）	拖带 夹胸	11分	1. 反蛙泳腿或侧泳腿技术拖带； 2. 溺水者口鼻必须露出水面； 3. 使溺水者身体保持水平位置； 4. 夹胸手不能压迫溺水者的颈动脉	1. 拖带技术运用不合理，扣4分； 2. 拖带中溺水者口鼻没入水中，第1次扣5分； 3. 两次为0分； 4. 拖带脱手，扣11分； 5. 拖带方向错误，扣3分； 6. 溺水者下肢下沉，扣4分； 7. 拖带时压迫溺水者的颈动脉，扣5分			水中操作
	拖带 双手托腋		1. 救生员双手托住溺水者的双腋，采用反蛙泳或仰泳拖带； 2. 溺水者口鼻必须露出水面； 3. 使溺水者身体保持水平位置				
上岸	深水无阶梯单人上岸	5分	1. 用单手抓住溺水者的另一只手，压在池岸边上，将溺水者双手重叠按住； 2. 按住溺水者重叠的双手背，用蛙泳腿蹬露水上岸； 3. 交叉手紧握溺水者手腕处，将溺水者转体180度背对岸边，垂直上提； 4. 上岸后脱出一只手移至溺水者颈背部，另一只手将溺水者双腿原地旋转90度	1. 上岸时脱手，扣5分； 2. 没有用两手交叉的方法，将溺水者原地转体180度，扣5分； 3. 原地旋转溺水者双腿时未对头部进行保护，扣2分			（必考）

考评员签字：　　　　　　　　日期：　　年　　月　　日

高级解脱技能考核评分表

内容		分值	考核要点	扣分标准	得分	总分	备注
解脱技能	头发被抓	31分	1. 两种方法：压腕扳手、扳指推肘； 2. 解脱后，有效控制住溺水者	1. 解脱时用力过度或不足，扣6分； 2. 解脱过程动作不连贯，扣6分； 3. 解脱动作手法错误，扣13分； 4. 解脱后未对溺水者有效控制，扣6分			岸上操作 （必考）
	手被抓		1. 单手被抓：转腕、推击； 2. 交叉手（臂）被抓：推击加转腕； 3. 双手（臂）被抓：转腕、推击； 4. 单手被双手抓：推击、转腕； 5. 解脱后，有效控制住溺水者				
	颈部被抱		1. 颈部被抱持：正面被溺水者抱持时，上椎上推双肘；背面被抱持，压腕上推双肘； 2. 解脱后，有效控制住溺水者				
	腰部被抱		1. 正面抱持：夹鼻推颌、弓身抽手； 2. 背面抱持：扳指弓身抽手、屈肘扩张； 3. 解脱后，有效控制住溺水者				

考评员签字：　　　　　　　　　　日期：　　年　月　日

高级现场急救——心肺复苏技能考核评分表

内容		分值	考核要点	扣分标准	得分	总分	备注
检查（15分）	检查意识，高声求救	5分	轻拍溺水者肩膀并呼喊，看有无反应，同时高声呼救"你怎么了？快拨打'120'！"	1. 没有轻拍溺水者双肩，扣2分； 2. 没有呼叫，扣3分			岸上操作
	清除口腔异物	2分	用食指和中指清除溺水者口中异物	1. 没有清理溺水者口中异物，扣2分			
	打开呼吸道	5分	仰头抬颌法：一只手掌根压溺水者前额，另一只手食指及中指放在下颌部的颏骨上，向上抬起下颌	1. 头部后仰不到位，扣2分； 2. 打开呼吸道手法不正确，扣3分			
	判断呼吸	3分	耳朵靠近溺水者口鼻：1. 看胸部有无起伏；2. 听呼吸道有无气流通过的声音；3. 感觉呼吸道有无气体排出	1. 每漏做一个动作，扣1分			顺序错误分值扣完
胸外心脏按压（22分）	口对口人工吹气	6分	1. 实施条件：如溺水者没有呼吸，先给予两口气；2. 两指捏住鼻子；3. 吹气量以明显看到胸部起伏为准	1. 吹不进气或漏气，扣2分； 2. 没捏鼻子或两次吹起中间没放开鼻子，扣4分			
	检查脉搏	4分	食指、中指在甲状软骨下摸到气管后，手指向外滑动，在气管与颈部肌肉之间的凹沟内即可触及颈动脉	1. 检查脉搏位置错误，扣4分			
	定位按压	12分	1. 部位：一只手中指沿溺水者的胸廓下部肋缘向上滑动，摸到肋弓和剑突交点处为胸骨下切迹，食指向中指并拢，另一只手以掌根部沿胸骨下滑，一直碰到食指，该手中心部位应该距胸骨下二分之一段中点，使右手不触及胸壁和肋骨，另一只手掌部放在第一只手掌根部上重叠，五指相互交叉	1. 定位不正确，扣5分； 2. 按压次数错误，扣4分； 3. 明显按压动作错误，扣3分			

考评员签字：　　　　　　　　日期：　　　年　　月　　日　　　　　　　　　　　　华中师范大学水域安全课题小组制

附录三：《大学生水域安全分层教育》课程标准

一　课程基本简介

《大学生水域安全分层教育》（游泳）课程是配合和支持教育部门预防和减少溺亡事故的一项重要课程，也是湖北省的重点教学规划项目。本课程与以往的游泳教学不同，传统的游泳教学近乎是游泳技能的教学，而大学生水域安全分层教育（游泳）课程不仅要教会学生掌握基本的游泳技能，更重要的是教会学生掌握水域安全知识和救生技能。这也是响应国家课程教学改革创新的号召和满足学生水域生存需要而专门制定的，本课程科学地、系统地、巧妙地将理论知识和实践技能融合在了一起，是一门讲授水域安全知识、游泳技能和救生技能的必修课程。

二　课程的性质、地位和任务

该课程的性质：《大学生水域安全分层教育》（以下简称：游泳）课程是大学体育课程中的技术选修课。

该课程在人才培养中的地位及任务：通过本课程的学习，使大学生明确学习水域安全的重要意义，普及水域安全知识、提高游泳能力，进一步培养大学生健康科学的终身体育爱好。

三　课程教学的基本目标

（一）游泳课程是为大学生设置的，在理论结合实践的基础上以身体练习为主要手段，学生重点掌握水域安全知识、游泳基本技能和救生技能，学生不仅要正确地识别复杂的水域环境，而且还要学会理智的施救方法，更重要的是具备自救能力和他救能力。从而提高大学生水域安全的认知能力，避免水域高危行为，预防和减少溺水事故。

（二）本课程借鉴了水域安全教育发达国家的经验，学生在掌握基本的水域安全知识和技能的同时，培养学生学习本课程的兴趣和提高学生在水环境中的运动能力，养成终生自觉锻炼身体的习惯。通过科学合理的体育锻炼过程，以达到增强体质，增进健康和提高体育素养为主要目标。

（三）游泳课程的设置在保证教学任务顺利完成的同时必须本着循序渐进的原则，使学生能系统地学习理论知识和实践技能，尤其是游泳技能一定要遵循身体姿势、腿部练习、手臂练习、呼吸练习和协调配合这5个阶段的学习步骤。与此同时还要掌握基本的救护知识。

（四）由于本课程具有分层次教学的特点，即通过最初检测可以将学生真实的游泳能力划分为初级、中级和高级3个等级。在以后的课程学习中，人员会自下而上的流动，学生不可避免地会产生攀比心理和面子问题，从而激发那些学习主动性和积极性较差的学生的最大潜能和动力，营造出浓厚的学习氛围。

（五）通过本课程的学习，对学生进行意志品德教育，提高学生的毅力和不怕吃苦的精神，使学生通过游泳达到锻炼身体、增强身体素质的目的；掌握游泳的练习方法并根据自身的实际情况在课外进行锻炼；了解水域安全知识和救生技能的重要性，并以身作则，传播知识与技能。

四 教学要求与课程内容

本课程根据每一等级的考核标准，每位学生必须通过考核才能进入更高级别的学习。本课程在教授游泳技能时必须遵守金字塔程序，即顺序是身体的基本姿势、腿部动作、手臂动作、呼吸、完整的协调配合，同时每教一个动作，一般先在陆上进行模仿练习，然后下水实践，水陆结合。老师要做好充分的教学备课，学生也要做到积极认真；老师与学生之间要及时反馈、及时询问、及时解决问题，而且学生在学习新技能的时候切记不要急于求成而要循序渐进；老师尽可能用鼓励的方式和因人而异的教学方法去解决个别学生学习上的困难。该课程在素质教育中具有重要作用，学生在获得水上生存能力的同时，也要培养学生坚强的意志品质，全面促进大学生身心健康发展。当前学校教育以"健康第一"为指导思想，应充分发挥游泳运动的功能。在游泳课程教学中，应遵循游泳教学的特点，加强课堂组织，确保安全。应注重游泳技能的学习，使学生掌握好游泳基本技术，真正获得水中活动的自由，提高大学生对游泳的兴趣爱好，培养终身体育观和终身体育能力。在此基础上，应注重游泳教学的基本功训练，使学生具备从事游泳教学和组织课外游泳活动的能力。同时，注意充分发挥游泳的教育功能，通过课程教学，锻炼意志，陶冶情操，培养团结互助精神。总而言之，安全既是教学的内容，也是贯穿始终的主题。

五　教学内容与学时分配

级别	章节	教　学　内　容		时数		小计	时数比例
		理论部分	实践部分	第一阶段	第二阶段		
初级	第一章	《大学生水域安全分层教育》课程的意义		1		2	32%
		《大学生水域安全分层教育》课程的内容		1			
		绪论		自学			
		国内外水域安全发展状况		自学			
	第二章	水域环境警告讯息	水中有节奏的呼吸	3	1	14	
			水中漂浮（俯卧漂浮、仰卧漂浮、蘑菇头漂浮）		3		
			漂浮滑行（蹬壁滑行、站立蹬池底）		2		
			水中打腿（浮板打腿、俯卧打腿）		2		
		游泳注意事项	穿戴个人漂浮设备	1	2		
	第三章	"游泳十八忌"	俯卧、仰卧滑行加交替打腿	1	1	17	
		"四不游"	俯卧、仰卧翻转滑行加交替打腿	1	1		
		"三佩戴"	侧卧打腿	1	2		
			俯卧游进		4		
			水母漂、仰漂		4		
			介绍和学习蛙泳腿部动作		2		
	第四章	水域活动安全要点	俯卧、侧卧组合滑行加交替打腿	1	2	15	
		游泳装备知识和简易的浮具制作	踩水、十字漂浮、水中受伤，抽筋时的自救方法与技能	2	6		
			蛙泳完整游泳		4		

续表

级别	章节	教学内容 理论部分	教学内容 实践部分	时数 第一阶段	时数 第二阶段	小计	时数比例
中级	第五章	分析以往溺水案例并总结如何避险及施救的解决办法	侧向打腿	4	2	16	29%
中级	第五章	水中意外救生常识	仰卧鞭状打腿前行		2	16	29%
中级	第五章	水中意外救生常识	俯卧鞭状打腿前行加有节奏的呼吸	2	2	16	29%
中级	第五章	水中意外救生常识	水中自救步骤实际操作技能		4	16	29%
中级	第六章	救溺水者步骤	捷泳完整游泳	2	6	12	29%
中级	第六章	水中意外受伤和抽筋解决方法	岸上救援技能	2	2	12	29%
中级	第七章	冷水求生	仰泳完整配合动作	1	4	8	29%
中级	第七章	仰泳完整配合动作	岸上救援技能	1	2	8	29%
中级	第八章	身陷漩涡自救法	侧泳的完事配合动作	1	4	8	29%
中级	第八章	侧泳的完整配合动作	冰上救援的自救及他救技能	1	2	8	29%
高级	第九章	深入分析以往案例的溺水原因并提出一些合理可行的建议	蛙泳和仰泳的组合游进		4	26	27%
高级	第九章	深入分析以往案例的溺水原因并提出一些合理可行的建议	识别溺水者的状况和正确救援的实践演练	8	6	26	27%
高级	第九章	水中直接救生所需要掌握的注意事项	水中拖带救生技能	2	6	26	27%
高级	第十章	心肺复苏救援常识	四种游泳任意组合游进	2	6	14	27%
高级	第十章	心肺复苏救援常识	进一步学习水中拖带救生技能		2	14	27%
高级	第十章	心肺复苏救援常识	心肺复苏的操作演练		4	14	27%
考核	1	理论考核				6	12%
考核	2	技能考核				12	12%
合计				76	56	150	100%

注：每一等级的学时是同一时间进行的。

六 作业

（一）理论部分

研究现状表明，目前各高校在游泳教学中普遍缺乏水域安全常识教育，学生水域安全认知亟待提高。本课程根据学生的需求会由任课老师有选择性地布置课后作业，重点在于进一步复习巩固水域安全标志、标语、旗帜，水域活动安全要点，游泳注意事项，救生常识等内容，以此来增加学生水域安全知识的广度与深度，避免和减少一些不必要的溺水事故。

要求：任课老师要在每节课的结束部分将本节课较为重要的一些水域安全知识以作业的形式布置给学生，学生需要在课下认真复习，加深记忆，强化认知，并自由组合（至少两人以上）相互提问，课程助理需将组合好的小组名单做成表格上交给任课老师，老师会在下一节课开始部分随机检查各小组完成作业的情况，并及时做点评和记录。

（二）实践部分

为了使部分有条件的高校学生更好地掌握游泳技能，尤其是救生技能，仅仅依赖上课的时间是不够的，这就需要任课老师对一些较为复杂、重要的内容以作业的形式让学生利用课下时间进一步消化吸收，主要以陆地模仿练习为主，当然如果有大人的陪同到泳池练习效果更佳。

要求：任课老师要在每节课的结束部分将学生难以掌握和容易出现的问题进行汇总，且作为课下任务让学生进一步加深对正确动作的理解和练习。分组形式与理论知识的分组相同，但每一组要求至少有一个学习效果较佳的学生。老师同样要在下一节课随机对其小组进行检查，尤其是那些学得较慢且常容易出现错误的学生，并及时给予评价和记录，点评时以鼓励的方式为主。

七 考核内容及方法

（一）考核内容

1. 理论部分

理论部分考核采用闭卷笔试，占总成绩的25%。考核的主要内容为：

《大学生水域安全分层教育》课程的意义，水域环境警告讯息，游泳注意事项，"游泳十八忌"，"四不游""三佩戴"，水域活动安全要点，游泳装备知识和简易的浮具制作，水中意外救生常识，施救溺水者步骤，水中意外受伤和抽筋解决方法，疲劳过度自救法，水中直接救生所需要掌握的注意事项，心肺复苏救援常识及案例分析与防范措施。试卷题型含：单项选择题、多项选择题、判断题及论述题。

2. 实践（技术）部分

为了区别与传统的游泳教学不同，在技术内容考核上也有着明显的差异。《大学生水域安全分层教育》课程教学实践的重点是培养学生对水域安全的认知能力，提高救生能力。因此，在考察学生水域安全综合能力方面设置了较大的比重。具体可将考核内容分为游泳技能和救生技能两部分，其中游泳技能包括水中有节奏的呼吸，漂浮滑行，俯卧、仰卧翻转滑行加交替打腿，侧卧打腿，俯卧游进，俯卧、侧卧组合滑行加交替打腿，蛙泳完整游泳，俯卧鞭状打腿前行加有节奏的呼吸，捷泳完整游泳、仰泳完整配合动作，侧泳的完整配合动作及蛙泳和仰泳的组合游进，共占30%；救生技能包括穿戴个人漂浮设备，水母漂，十字漂浮，踩水，仰漂，水中受伤，抽筋时的自救方法与技能，水中自救步骤，识别溺水者的状况和正确救援的实践演练，水中拖带救生技能及心肺复苏的操作演练，共占35%。

3. 平时成绩

本课程在平时成绩评定方式上与目前各大高校的游泳评定标准相比基本相同。大致也是从作业、考勤、带操及学生上课的态度四个方面给予综合评定，共占10%。

（二）技术考核方法与要求

1. 考核方法

理论考核方法：将所有理论内容编入计算机，设计出一套类似于驾考的考试软件，学生在考试时计算机会随机从相关等级的题库里抽取一定数量的题目让学生作答，但所有考生的试题难度基本相同。

技术考核方法：技术考核在内容的选择上跟理论考核有所不同，学生不能随机选择考试的内容，所有技术考核内容都是固定的且由各学校体育组提前设计完成。根据各班的人数，由课程助理提前将人员分组，每组具体考试时间再由老师分配。

2. 考核要求

（1）学生身体不适不允许参加技术考核，可安排到下一次考核或给予补考机会。

（2）考试期间如果没有跟老师提前说明原因或没有办理请假手续而出现擅自早退或缺席者，将不予成绩评定且给予一定程度的扣分或惩罚。

（3）技术考核期间必须确保学生安全，尤其是一些救生项目的考试。

（4）无法游完全程或途中在池底站立，即为达标不及格成绩评定。

（5）无论是游泳考核还是救生考核，所考内容若不能达标过半，不予最终成绩评定，计为考核失败。

（6）在考试期间至少保证有两名老师在场且妥善安置救生员（可为学生），做好考前安全和管理的充分准备工作。

（7）学生在考核自救和他救项目中，若故意做出一些高危行为或恶意造成他人危险后果等行为一律不予成绩评定且还会给予严重处理。

华中师范大学"水域安全教育研究"课题小组制
2014.12

附录四：《大学生水域安全分层教育》初级教案表（举例）

_____至_____学年第_____学期，_____院（系）专业_____课，_____级_____班_____组，第_____次课，人数_____，任课教师_____，见习学员_____　　_____年_____月_____日

课题名称	《大学生水域安全分层教育》初级教学　专题一		
教学目标	1. 使学生了解游泳课程的目标与具体要求、安全卫生基本要求、课堂教学常规； 2. 通过学习游泳前自我体能、天气状况、水域环境的判断方法及标准，提高学生的判断能力； 3. 通过水中基本活动的练习，使学生初步熟悉水环境，克服怕水心理； 4. 使学生初步掌握水中行走、呼吸和漂浮基本技能，为后续学习打下良好的基础		
教学重点及难点	重点 1. 熟悉课程目标、课程常规、安全卫生要求； 2. 克服对水的恐惧； 3. 自我体能、天气状况、水域环境的判断方法及标准		难点 1. 水中吸气和换气； 2. 俯卧漂浮姿势的掌握	
教学资源	场地		教学方法	讲解法、示范法、分组法
	教具	浮力棒、玩具、海报	时间	90 分钟
部分	时间	教学内容	组织教法与要求	学习情况
准备部分	20 分钟	一、集合整队，检查人数 （一）介绍课程目标； （二）安全卫生要求； （三）课堂常规等 二、宣布课程内容与要求 （一）安全知识 自我体能、天气状况、水域环境的判断方法及标准	组织队形： × × × × × × × × × × × × × × × × ⊗ 一、课程目标：熟练掌握水域安全知识、游泳技能和救生技能，确保个人水上安全和理智的施救能力 二、具体要求：本课程分为初、中、	

续表

部分	时间	教学内容	组织教法与要求	学习情况
准备部分		（二）游泳技能 1. 水中行走； 2. 俯卧漂浮 （三）救生技能 韵律呼吸 三、准备活动 （一）头部绕环（二）肩膀绕环（三）手臂绕环（四）向上伸展（五）向下伸展（六）前弯转体（七）腰部运动（八）高压腿（九）低压腿（十）膝盖绕环（十一）手脚关节绕环（十二）开合跳（带操要求：按学号轮流带操；大关节、大肌群活动开；动作设计有创新；写好带操教案。因游泳池空间有限，地滑，以原地徒手练习为主）	高3个等级，每位学生必须掌握每一阶段的指标后才能顺利进入下一级 三、考核内容：水上安全知识占30%，游泳技能占30%，救生技能占40% 四、教学安排：根据学校游泳课教学规定的学时（32或36），将理论和实践结合 五、纪律要求 （一）脱鞋入场，衣物带进场内； （二）不戴首饰，不带贵重物品； （三）不随意开玩笑、打闹和搞恶作剧；（四）禁止吐痰入槽； （五）未经学习不得随意跳水； （六）按规定泳道、方向和形式练习，不得横冲直撞；（七）中途起水离场应经教师批准 六、准备活动 （一）提前到场，更换服装，到指定地点集合；（二）集合点名，宣布课的内容与要求；（三）准备活动与辅助练习；（四）冲洗身体；（五）下水练习；（六）起水，检查人数，课后小结；（七）见习生随堂听课，帮助准备有关器材，当好"助教"	
基本部分	65分钟	一、学习自我体能、天气状况、水域环境的判断方法及标准 （一）老师利用海报讲解如何进行判断，以及判断的标准和依据	组织队形： × × × × × × × × × × × × × × × × ▼ 要求：教师对学生的回答与提问	

续表

部分	时间	教学内容	组织教法与要求	学习情况
基本部分		（二）典型案例分析，强调游泳前判断的重要性及盲目下水的危害 （三）设置学生与学生、教师间的问答环节，检验学生的掌握程度	环节给予及时的反馈，激励学生学习兴趣，并对学生的错误回答予以纠正	
		二、水中呼吸 （一）水中闭气：深吸气后闭气下蹲（水下要求睁眼）； （二）水中慢呼：深吸气后闭气下蹲，慢呼至尽再起立； （三）连续呼吸：水上吸，水下呼，连续进行	组织队形： 要求： 1. 每个人靠近水壁，双手抓住池壁，将头按照呼吸的要求依次进行有节律的呼吸； 2. 练习时，换气的时间间隔可逐渐减短	
		三、蹲下拾物 老师先做示范，然后再将同学们两两组合，每人至少完成3次	组织队形： 要求：不要将头朝下去拾水下的物体，防止头部撞到池底受伤	
		四、俯卧漂浮 （一）老师讲解俯卧漂浮的动作要领及技巧； （二）示范漂浮的动作； （三）将同学们两两分组做模仿练习	组织队形： 要求：一个同学做练习，另一个保护，刚开始可借用漂浮教具	

续表

部分	时间	教学内容	组织教法与要求	学习情况
结束部分	5分钟	一、集合，检查人数； 二、小结本课情况，安排好下节课带操学员； 三、宣读下节课的内容，提前预习相关水域安全知识； 四、备好下一节课教案和海报	组织队形： ×××××××× ×××××××× ▼ 要求：两两组合的同学在课下要相互指出对方动作易出现的错误和相关注意的事项，以利于更好地规范动作要领	
课后小结				

注：×表示学生，▼表示老师。

附录五：《大学生水域安全分层教育》中级教案表（举例）

_____至_____学年第_____学期，_____院（系）专业_____课，_____级_____班_____组，第_____次课，人数_____，任课教师_____，见习学员_____　　_____年_____月_____日

课题名称		《大学生水域安全分层教育》中级教学专题一		
教学目标		1. 使学生了解游泳课程的目标与具体要求、安全卫生基本要求、课堂教学常规； 2. 通过学习岸上间接救援知识，使学生牢记优先选择岸上间接救援，切勿盲目下水，提高学生救援的警惕性； 3. 学习蛙泳技术，掌握蛙泳腿部蹬水技术； 4. 初步学习岸上借助软性辅助物救助技能，培养学生间接救助能力		
教学重点及难点		重点 1. 熟悉课程目标、课程常规、安全卫生要求； 2. 牢记岸上救援知识，切勿贸然下水施救； 3. 岸上借助软性辅助物救助技能	难点 1. 蛙泳腿部蹬水的同时要蹬夹腿； 2. 收腿时要翻脚	
教学资源	场地		教学方法	讲解法、示范法、分组法
	教具	浮力棒、海报	时间	90 分钟
部分	时间	教学内容	组织教法与要求	学习情况
准备部分	20 分钟	一、集合整队，检查人数 （一）介绍课程目标； （二）安全卫生要求； （三）课堂常规等 二、宣布课程内容与要求 （一）安全知识 间接救援安全知识 （二）游泳技能 学习蛙泳的腿部技术	组织队形： ×××××××× ×××××××× ✗ 一、课程目标：熟练掌握水域安全知识、游泳技能和救生技能，确保个人水上安全和理智的施救能力 二、具体要求：本课程分为初、中、高 3 个等级，每位学生必须掌	

续表

部分	时间	教学内容	组织教法与要求	学习情况
准备部分		（三）救生技能 岸上借助软性辅助物救助技能 三、准备活动 （一）头部绕环（二）肩膀绕环（三）手臂绕环（四）向上伸展（五）向下伸展（六）前弯转体（七）腰部运动（八）高压腿（九）低压腿（十）膝盖绕环（十一）手脚关节绕环（十二）开合跳（带操要求：按学号轮流带操；大关节、大肌群活动开；动作设计有创新；写好带操教案。因游泳池空间有限，地滑，以原地徒手练习为主）	握每一阶段的指标后才能顺利进入下一级 三、考核内容：水上安全知识占30%，游泳技能占30%，救生技能占40% 四、教学安排：根据学校游泳教课学规定的学时（32或36），将理论和实践结合 五、纪律要求 （一）脱鞋入场，衣物带进场内； （二）不戴首饰，不带贵重物品； （三）不随意开玩笑、打闹和搞恶作剧；（四）禁止吐痰入槽； （五）未经学习不得随意跳水； （六）按规定泳道、方向和形式练习，不得横冲直撞；（七）中途起水离场应经教师批准 六、准备活动： （一）提前到场，更换服装，到指定地点集合；（二）集合点名，宣布课的内容与要求；（三）准备活动与辅助练习；（四）冲洗身体；（五）下水练习；（六）起水，检查人数，课后小结；（七）见习生随堂听课，帮助准备有关器材，当好"助教"	
基本部分	65分钟	一、岸上救援知识 （一）老师利用海报讲解岸上救援要点； （二）典型案例分析，强调岸上救援的重要性及盲目下水的危害；	组织队形： ×××××××× ×××××××× ⧖ 要求： （一）老师先说明岸上救援的重要意义，设置典型案例分析环节，	

续表

部分	时间	教学内容	组织教法与要求	学习情况
基本部分		（三）设置学生与学生、教师间的问答环节，检验学生的掌握程度	说明盲目下水的危害性，并强调优先选择岸上救援； （二）教师对学生的回答与提问环节给予及时的反馈，激励学生的学习兴趣，并对学生的错误回答予以纠正	
		二、蛙泳腿部技术 （一）老师讲解动作要点并示范 1. 收腿：大腿带动小腿边收边分，小腿尽量靠近臀部、大腿与躯干约120°，膝内侧与髋关节同宽； 2. 翻脚：收腿靠近臀部时，两膝内压小腿外移，勾两脚并外翻； 3. 蹬夹腿：大腿发力，依次伸髋、伸膝、伸踝； 4. 滑行：身体借蹬夹力量向前滑行 （二）趴在池边做岸上练习 （三）俯卧池边做水中练习	组织队形（老师讲解动作要点并示范、趴在池边做岸上练习时使用）： × × × × × × × × × × × × ▽ 要求： 1. 先整体练习，再两两分组；先陆地练习，再水中练习； 2. 收腿要放松，力量小，速度慢； 3. 翻脚在收腿结束前已开始在蹬水开始时完成； 4. 蹬夹水方向是稍向外向后，向内边蹬边夹，速度快，勾脚蹬夹 组织队形（俯卧池边做水中练习时使用）： × × × × ▽ × 要求：每个人沿着泳池壁，双手抓住池壁或由同伴托腹，成水平姿势，两腿伸直，做蛙泳腿蹬腿	
		三、岸上借助软性辅助物救助技能 （一）老师介绍岸上软性辅助物的器材，教会学生识别软性辅助物。软性辅助物	组织队形： × × × × × × × × × × × × × × × × ▽ 要求：	

续表

部分	时间	教学内容	组织教法与要求	学习情况
基本部分		包括：救生圈、塑料瓶、绳索、毛巾、袋子、皮带、衣服等； （二）利用场地内现有物品，要求学生说出场地内5个不同的软性辅助物； （三）老师先在岸上讲解并示范利用软性辅助物的救助动作，然后学生再进行模仿	1. 先由老师讲解与示范，整体学习，然后再分组练习相互识别； 2. 老师提问，要求学生积极回答，老师对学生的答案进行反馈，对正确答案予以鼓励，错误答案给予指导和纠正。以此培养学生的学习兴趣	
结束部分	5分钟	一、集合，检查人数； 二、小结本课情况，安排好下节课带操学员； 三、宣读下节课的内容，提前预习相关水域安全知识； 四、备好下一节课教案和海报	组织队形： ×××××××× ×××××××× ⧗ 要求：两两组合的同学在课下要相互鼓励并积极讨论，解决对方的疑难点、指出对方动作的错误之处，以利于更好地规范动作要领	
课后小结				

注：×表示学生，⧗表示老师。

附录六：《大学生水域安全分层教育》高级教案表（举例）

_____ 至 _____ 学年第 _____ 学期， _____ 院（系）专业 _____ 课， _____ 级 _____ 班 _____ 组第 _____ 次课，人数 _____ ，任课教师 _____ ，见习学员 _____　　_____ 年 _____ 月 _____ 日

课题名称	《大学生水域安全分层教育》高级教学专题一			
教学目标	1. 使学生了解游泳课程的目标与具体要求、安全卫生基本要求、课堂教学常规； 2. 通过学习溺水直接救援知识，学会识别溺水者的状态，提高学生溺水救援的警惕性； 3. 掌握仰泳的身体姿势和学习仰泳腿部技术			
教学重点及难点	重点： 1. 要学生熟悉课程目标、课程常规、安全卫生要求； 2. 溺水者的状态识别； 3. 仰泳的身体姿势			难点： 仰泳腿部打腿技术	
教学资源	场地		教学方法	讲解法、示范法、分组法
	教具	海报	时间	90 分钟

部分	时间	教学内容	组织教法与要求	学习情况
准备部分	20 分钟	一、集合整队，检查人数 （一）介绍课程目标； （二）安全卫生要求； （三）课堂常规等 二、宣布课的内容与要求 （一）安全知识 溺水者的状态识别 （二）游泳技能	组织队形： ××××××× ××××××× ⊠ 一、课程目标：熟练掌握水域安全知识、游泳技能和救生技能，确保个人水上安全和理智的施救能力 二、具体要求：本课程分为初、	

续表

部分	时间	教学内容	组织教法与要求	学习情况
准备部分		（一）仰泳的身体姿势；（二）仰泳的腿部技术 三、准备活动 （一）头部绕环（二）肩膀绕环（三）手臂绕环（四）向上伸展（五）向下伸展 （六）前弯转体（七）腰部运动（八）高压腿（九）低压腿（十）膝盖绕环（十一）手脚关节绕环（十二）开合跳（带操要求：按学号轮流带操；大关节、大肌群活动开；动作设计有创新；写好带操教案。因游泳池空间有限，地滑，以原地徒手练习为主）	中、高3个等级，每位学生必须掌握每一阶段的指标后才能顺利进入下一级 三、考核内容：水上安全知识占30%，游泳技能占30%，救生技能占40% 四、教学安排：根据学校游泳教学规定的学时（32或36），将理论和实践结合 五、纪律要求 （一）脱鞋入场，衣物带进场内； （二）不戴首饰，不带贵重物品； （三）不随意开玩笑、打闹和搞恶作剧；（四）禁止吐痰入槽； （五）未经学习不得随意跳水； （六）按规定泳道、方向和形式练习，不得横冲直撞；（七）中途起水离场应经教师批准 六、准备活动 （一）提前到场，更换服装，到指定地点集合；（二）集合点名，宣布课的内容与要求；（三）准备活动与辅助练习；（四）冲洗身体；（五）下水练习；（六）起水，检查人数，课后小结；（七）见习生随堂听课，帮助准备有关器材，当好"助教"	
基本部分	65分钟	一、识别溺水者状态的直接救援知识 （一）老师利用海报讲解直接救援要点，"溺水者八大无声迹象"；	组织队形（识别溺水者状态的直接救援和识时使用）： ×××××××× ×××××××× ※	

续表

部分	时间	教学内容	组织教法与要求	学习情况
基本部分		（二）典型案例分析； （三）设置学生与学生、教师间的问答环节，检验学生的掌握程度	要求： 1. 老师先说明直接救援的注意事项及溺水者状态的判断，设置典型案例分析环节； 2. 教师对学生的回答与提问环节给予及时的反馈，激发学生的学习兴趣，并对学生的错误回答予以纠正	
		二、学习仰泳身体姿势 （一）老师讲解动作要点并示范 1. 头部姿势：头应保持相对稳定，不要上下左右晃动，但颈部肌肉不要过分紧张，后脑处在水中，水位在耳际附近，两眼看腿部上方； 2. 腰部姿势：肋上提，不要含胸，快速游进时，身体的迎角能促使体位的升高； 3. 身体的转动动作：身体的纵轴应随着两臂划水动作而自然滚动，一般为45°左右。身体滚动的目的主要是有利于划水臂处于较好的角度，能够加强划水的力量；能保持屈臂划水的一定深度；有利于臂出水和向前移臂 （二）陆上练习 两臂伸直并拢夹于脑后，使背部和臀部的肌肉保持适当的紧张度，原地做提踵练习，体会身体在水中的基本姿势 （三）水中练习	组织队形一（学习仰泳身体姿势老师讲解动作要点并示范，陆上练习时使用）： × × × × × × × × × × × × × ▼ ▲ 要求： 1. 先整体练习，再两两分组；先陆地练习，再水中练习； 2. 头部尽量放松保持稳定； 3. 腰部肌肉要保持适度的紧张，以不使身体过分平直和屈髋成坐姿为前提； 4. 身体转动的角度根据个人的情况不同而少有差别，肩关节灵活性较好的人滚动小，反之则大 组织队形二（学习仰泳身体姿势水中练习时使用）： × × × ▼▲ × × × 要求： 1. 腰部肌肉要保持适度的紧张，以不使身体过分平直和屈髋成坐姿为前提； 2. 肋上提，不要含胸	

续表

部分	时间	教学内容	组织教法与要求	学习情况
基本部分		三、学习仰泳腿部技术 (一) 老师讲解动作要点并示范 1. 直腿下压动作：在整个腿下压动作中，前2/3由于水的阻力，使膝关节充分展开，腿部肌肉放松。当腿下压到一定程度，由于腹肌和腰肌的控制，停止向下，而过渡到向上移动，由于惯性作用，小腿仍然继续向下，而造成膝关节弯曲，所以在腿下压的后1/3是屈腿的； 2. 屈膝上踢、下压动作：上踢动作的开始，就需要用脚打的力量和速度来进行，并逐渐加大到最大力量和速度。当大腿向上移动超过水平面时结束向上，使膝关节充分伸展，构成向下鞭打的动作。上踢动作是以大腿带动小腿、小腿带动脚来完成的 (二) 陆上模仿练习 (三) 水中练习： 1. 扶池边或水槽，身体成仰卧流线型姿势，两脚并拢，大腿用力，直腿下压做打水动作； 2. 由同伴在前面拉住双手做仰泳打水练习	组织队形一（学习仰泳腿部技术老师讲解动作要点并示范、陆上模仿练习时使用）： × × × × × × × × × × × × × × ▼ 要求： 1. 双腿一定要绷直，膝关节、踝关节均伸直，双脚稍内扣； 2. 打腿时必须大腿用力，直腿下压。两腿交替不能有停顿； 3. 上踢时，脚尖应内旋加大对水面积，并且尽量不要使膝关节或脚尖露出水面； 4. 打水时，膝关节、小腿和脚不得露出水面 组织队形二（学习仰泳腿部技术水中练习时使用）： × × × × ▼ × 要求： 1. 打水时是向下重打，向上和向下打水都采用重打水的方式； 2. 练习时，教师应进行指导与纠正错误动作，并反复强调腿部动作的要点； 3. 两人一组练习时，教师注意课堂安全	

续表

部分	时间	教学内容	组织教法与要求	学习情况
结束部分	5分钟	一、集合，检查人数； 二、小结本课情况，安排好下节课带操学员； 三、宣读下节课的内容，提前预习相关水域安全知识； 四、备好下一节课教案和海报	组织队形： ××××××× ××××××× ▼ 要求：两两组合的同学在课下要相互鼓励并积极讨论，解决对方的疑难点、指出对方动作错误之处，以利于更好地规范动作要领	
课后小结				

注：× 表示学生；▼ 表示老师。

后　记

　　笔者攻读博士学位的学习生活随着本书的完成告一段落。执笔驻足、凝视窗外，匆匆四年的时光竟凝成一瞬刻在脑海；韶华易逝、光阴荏苒，桂子山头书海静谧，难得享受摒浮躁归平和之时光；搁笔深思、细细品味，个中酸楚、悲喜唯自知，感激之情涌入心头。

　　得以在华中师范大学继续深造，首先要感谢导师王斌教授。我本愚钝、基础薄弱，承蒙恩师不弃，才有攻读博士学位之机会。从文献资料查阅、安排研究任务、参与各类科研研讨会和学术交流，再到本书的选题、框架、数据处理、行文表达，每一步成长无不倾注了恩师的心血，更彰显了恩师治学严谨、追求卓越、言传身教的科研态度。恩师对待学生严格要求，对待生活乐观豁达、风趣幽默，其高尚的品德修养和人格魅力深深地影响了我，并将成为我日后治学和工作的榜样。在此，谨向关心和指导我的导师王斌教授致以最衷心的感谢和崇高的敬意。

　　还要感谢我攻读硕士学位时的导师李可可教授。老师领我进入科研之门，讲解做人做事之法，教导我踏实勤奋，使我一直受益至今。也衷心感谢教育和帮助过我的华中师范大学王长生教授、郑勤教授。

　　感谢同门的所有兄弟姐妹，本书的完成离不开团队的力量。感谢罗时博士无私地分享了其研究前期成果，在我需要任何帮助时都倾其所有地伸出援手；感谢叶绿博士分享科研方法、李改博士指导实验研究、胡月博士耐心提出修改建议、樊荣博士指导英文翻译；感谢罗小兵博士、黄显涛博士、赵阳博士、刘炼博士、宋晓波博士、于洪涛、方朝阳、潘高峰、谭兴强、周厚举、张翰月、王婕娉、翟续荣、卜姝、郭冬冬、王沐实、袁媛等给予我的所有关心、支持和帮助；感谢杨海晨博士，亦友亦师，与我畅谈人生；还要感谢同学万义博士、张帆博士、李臣博士、王涛博士、张磊博士、黄尚军博士，我和你们有太多美好的回忆。

感谢湖北民族学院体育学院给予我外出深造的机会，感谢院领导最大限度地给予我工作的支持和生活的照顾；感谢在问卷调查、实验研究中给予支持的周一系老师、高海老师及其他兄弟院校的廖婷老师、雷鸣老师、曾宇老师……是你们耐心的帮助才使研究拥有可靠的数据来源。

感谢父母为家庭的付出与支持，是您们无条件地支持和理解，才使我有时间和精力完成研究工作；感谢妻子的体谅、包容和支持，你的勤俭持家、关心体贴、让我克服了所有的困难，我更赞赏你的奋发自强，愿你顺心吉祥；儿子蹒跚学步伊始至今四载，聚少离多，千言万语表达不尽愧疚之情，但你聪明活泼、率真好学，愿父母今日之表率能成为你明日之动力！各位亲人，来日方长，唯以幸福相伴。

感谢所有关心和支持我的亲友们，虽然我无法一一列出你们的名字，但感谢之情铭记于心。

张　辉

2017 年 3 月 9 日于桂子山